沈定濤著

加州的夏日風情

文學叢刊之六十八

文史哲出版社印行

國家圖書館出版品預行編目資料

加州的夏日風情 / 沈定濤著. -- 初版. -- 臺北
市：文史哲, 民86
面： 公分. –(文學叢刊 ; 68)
ISBN 957-549-101-7(平裝)

855 86013433

文 學 叢 刊 ⑱

加州的夏日風情

著者：沈定濤
出版者：文史哲出版社
登記證字號：行政院新聞局版臺業字五三三七號
發行人：彭正雄
發行所：文史哲出版社
印刷者：文史哲出版社
臺北市羅斯福路一段七十二巷四號
郵政劃撥帳號：一六一八〇一七五
電話 886-2-23511028 · 傳眞 886-2-23965656
實價新臺幣二八〇元

中華民國八十六年十月初版

ISBN 957-549-101-7

加州的夏日風情 目次

序

創作生涯中，誠心感激文史哲出版社發行人彭正雄先生的鼓勵與友誼。
願將此書獻給我的父母，With love!!

一九九六年十二月卅日
於加拿大愛伯特省愛蒙頓市

卷一：加州的夏日風情

加州的夏日風情

去年一九九五年和今年一九九六年的夏日，連續兩年帶領交大大學部和研究所學生，飛到北加州國際知名學府史丹福大學，註冊「美國語言與文化」上課三個學分為期四個星期的暑期課程。結業後，教職員與師生一起前往優勝美地國家公園（The Yosemite National Park），浸受四天三夜大自然的洗禮。

六月廿八日晚間七時十二分，巨無霸七四七飛機開始滾動起飛。距離目的地，是六千四百五十四英里。

因時差之故，歷經十個多小時的飛行後，於當天下午三時廿二分降落舊金山國際機場。晴天。

時光飛逝！上課最後一個星期的星期五，在史丹福大學內教員俱樂部餐廳，是交大、政大六十三位學生們畢業典禮兼聚餐的日子。

除了兩校師生，主辦單位職員、暑期班的英文老師們、接待學生及課程召集人，都出席了此項盛會。

先生女士們各個衣冠楚楚、衣香鬢影。

餐桌上的鮮花、燭光、擺設整齊高雅的叉匙盤杯、美食佳餚和期末的輕鬆感，助長了喜氣洋洋的心情。

去年，兩校帶隊老師在這種場合致辭一兩句。

今年，會照往例上台說點話？如果是，又要說些什麼？

離畢業聚餐一個星期前，暗自決定，無論如何，先準備點再說，有道是備而不用，強於臨時慌張失措的好。

但是內容要如何撰稿？煞費腦筋！

一天，說是吃晚餐，加州的夏季黃昏六時十分，陽光仍然依戀著大地，照亮了每個角落。

拿著一盤食物、飲料，選擇一棵綠樹旁的大厚木板長條製成的户外野餐桌椅坐下。

邊喝著鮮奶與純葡萄汁，一邊用刀叉慢慢享受磁盤內的鮭魚、肉塊、新鮮番茄內塞鮪魚，還有一點青菜沙拉。

嘴裏不慌不忙的吃，心裏一方面在想：要命，我哪吃得下水杯旁一塊餅乾和一根香蕉的飯後點心呢？

不防的，一個東西驟然打在身後的背上，驚嚇一下頓起雞皮疙瘩。

「是誰在惡作劇？實在有點過分！」暗自抱怨。

探個究竟，轉身回頭，一看，竟是一粒色為鵝黃、沾點棕色斑點、微青未熟、發育不良乾縮小粒的檸檬果，從身後的檸檬樹離枝墜落地面。

這一驚醒，出其不意，我豁然開朗想出一個主意，何不唸它一首美國現代詩先驅者之一的女詩人Emily Dickinson（一八三〇—一八八六）的詩，做為致辭內容的主要架構？

同時，洞然想起在一次齊集聚會的仲夏夜晚，現為史大比較文學系大二學生、並擔任此次接待學生工作之一的布萊德，他當眾背誦英國莎士比亞悲劇「馬克白」中的詩句，接下來，政大廣告系一位男同學出場，拿稿朗誦了另一英國詩人兼拉丁文學者A. E. Houseman情調悲悽的詩「When I was one-and-twenty」，他們將當夜注入了不少人文氣息與詩意。

朗誦詩句的靈感，另一方面赫然使我回想起在大度山上，坐聽Dunlap老師講授「美國文學」課時，提及並討論女詩人Dickinson一首觸及「回憶」的詩。

這下，煞有介事地計劃著，看看能否在結業典禮上琢磨出易懂簡短的道別語，交差了事。

情調氣氛高雅的畢業大餐吃喝完畢，發放學分證書前，史丹福大學一些行政人員致辭，我之前的政大一位老師對同學們說了些話，接下來的我，只有硬著頭皮鴨子上架，走上講台開口：

首先，我要為各位唸首美國女詩人Emily Dickinson編號第一二七三的詩——

「That sacred Closet when you sweep ——
Entitled "Memory" ——
Select a reverential Broom ——
And do it silently.

'Twill be a Labor of surprise ——
Besides Identity
Of other Interlocutors
A probability ——

August the Dust of that Domain ——
Unchallenged —— let it lie
You cannot supersede itself
But it can silence you ——」

至於我，今天也準備寫唸一段簡淺的小小感言，送給各位，不成體統、不成敬意，請笑納：

「In 1873,Emily Dickinson,the American poet, had a "Memory Closet"!
I, however, have my own "memory box,"
Which is made in Taiwan......
In the summer of 1996
The sunshine of California
The Thinker of Rodin
Those palm trees on Palm Drive
And the kind faces of yours
Are absolutely, definitely
In my ——
Memory Box!」

（在一八七三年，Emily Dickinson，美國女詩人有個「回憶小櫥」。
我呢，現今也有個屬於自己的「回憶小盒」，它是台灣製造的……
在一九九六年的夏日：
加州的陽光

羅丹的雕塑作品「沈思者」
棕櫚大道上的棕櫚樹
還有
你們張張慈善的臉龐
肯定都採集在
我的
回憶小盒裏！）

一個或許是個不甚起眼的小盒，然而，只要一打開盒蓋，即刻歡然欣見裏面鮮活跳蹦、色彩清晰、脈絡分明的流動的回憶……

深情地低頭細瞧：看到落雨，聽到風聲，白日頂著是恆星的太陽，夜晚望著是銀河的星光，一片氤氳的水氣迷霧，氣勢雄偉的岩壁，一縷繚漫的輕煙，燦然奪目的施放煙火，飛散滑落的飛泉，嶙峋的怪石，夜深未眠的人，屬於新奇文化風土人情的展現與體驗……啊！它混融著榮枯、陰晴、圓缺與明滅；它有壯觀險秀、明白隱晦、細緻粗糙、生澀熟練；它有溫柔靜謐，也有活潑朗動，有輕如片羽，也有重如峻嶺等等，等等！個自獨立或對照的情景物像，相互穿插交錯，俯拾皆是獨特的憶想……

每個人，都有回憶的元素，基本上，因人而異，依自己的感性去追憶、去拼湊、去合成那聲光與感官上、圖像與影像上的記憶。

同樣的經歷，不同的個體和別人比較對照，可能有交集重疊，可能有不同的鑿痕、不一樣的醞釀！

時光挪移，光陰款移，多少日子後，當背負著大略相同回憶的人，三三兩兩再次相遇時，人人樂意的用相同或有別的題材與符號、豐富的意蘊語彙，去敘述追捕一段記憶：可翔實，可誇大；偏知性，偏感性；有單向反饋，有單向反饋走向雙向或多向反饋；有獨白，有對話。彷彿間，彼此輕易地成為對方久逢的知音了！

一些飄然去遠的憶往，幸由共同憶舊的活動，貼補還原；或藉他人的懷舊言語，因而擴增自己的回憶疆界版圖。

這麼一個屬於師生們人生片斷的懷念，不被歸納為神話寓言，它另闢蹊徑，成為了一種傳奇，顛撲不破的。

捨棄相機，婉拒錄影機，我選擇了用心意與文字，去懷想記載這一段歸屬於加州夏日的自然與人文無限風情的回憶，願它恆久歷歷如新……

(一)優勝美地國家公園篇

四季

一位公園管理員，在晚上八時三十分左右，於小型露天劇場舉行了一場名為「四季的循環」的幻燈片秀。

他說，他終年生活住在優勝美地的山川天地間。

「你都做些什麼呢？」觀眾群中有人問。

不加思索：

「坐看四處！」又說：

「今年的冬天，很多人抱怨暴風雪的天氣、嚴冷的雪冰、雨和泥濘。你們知道嗎？就是因為如此，接後的春、夏及終年，優勝美地這片天與地，才有如此驚美。」

你們又知否？春神於三月間翩然而至山谷，那兒有熱鬧的春花！

秋夜，過癮地欣賞那月光打映在瀑布的奇景異像。走近它，感覺它。

落葉，各種不同的樹種，衍生出千萬種形狀、顏色迥異的落葉，堆積得滿山遍野。掉落於地的還有松針、松毬……

白霜冬霧的嚴冬，登至八、九千英尺高杳無人跡的山嶺，稀客的植物雪花，在高處向你招手打招呼！

冰天是瑰麗的，雪地是神秘的。

又，在山鳴谷應的這片山與河，不在乎你翻越過多少山巒，趕完多長遠的迢迢山路，徒步健行的有多快，千萬記住，專心地去聽、看與領會！

撿起山林地上有掉落的植物樹幹上的瘤狀物——蟲瘻，瞧瞧看！它，也是另一個好奇值得探索的世界。

山重水複。流水有似靜、似動、有聲、無聲、它蜿蜒、它直流而去；有流進高大茂密樹林的林蔭間、有經過橋下、有在高地正流向傾斜而下的低地；它激動興奮的轉過大石塊或越石而過，它有從高山地流衝下山谷所形成瀑布的美景等等。

萬物在此生息！

四季是開始和結束，是Alpha和Omega！

四季都是慶典、頌揚。

季節的韻律，四季的循環，生命的循環。

健行漫遊於優勝美地的山林曠野，有心人再一次的重生與新生。

靜坐在劇場木椅上聆聽的觀眾我們，共鳴到「山中日月長」！

——冰河時期遺留下來的美

遊覽優勝美地森林公園（Yosemite National Park），不可不知曉那兒有多種的岩石、獸類、植物、昆蟲、鳥類與河流水域中的魚類。

遊走此地，千萬不可辜負它的彩虹、山嵐、朝霞、夕靄。

遊玩此國家公園，更不容許遺漏於日間或夜晚觀賞瀑布的美景！

終究，這些鱗爪片斷所拼組成的絕佳風情，是渾然一體的。

當加州東部的the Sierra Nevada山脈隆起，Merced河從中切割一條縱深的峽谷，天然形成了優勝美地河溪。

冰河緩慢有力地移動推進優勝美地山谷時，加寬加深了河谷兩側，同時，山崖地勢雕鑿成形。

高處山谷地融化的冰河，正是優勝美地瀑布飛躍而下的發源地。

優勝美地瀑布是獨特出眾的。從瀑布上頭之源頭水面，突然飄降半英里高度落差的瀑布奇觀，是北美瀑布落差最高也是全世界最壯觀的奇景之一。其總高度為七百三十九米。因山崖地形之故，從最上端至底部，它有三段瀑布：高高在上的上層瀑布長度為四百三十六米；第二段為中段的較小瀑布，長度是二百零六米；再來是長度為九十七米到地面的低段瀑布。

優勝美地瀑布是季節性的。

暮春時節，因擋在水道中的樹木，衝奔而下山崖的飛瀑，從低處往瀑布上端瞧看，只見水氣霧靄，僅聞奔瀉而下的瀑布之水轟隆震響。

時至八月中旬，出乎意外的，同樣地點的瀑布，唯剩纖細如絲的飛沫或實際上，一滴水也沒有。乾涸的岩崖聳立，靜默無語。

原來，優勝美地瀑布，直接受到上端山谷中的山水影響。在那，大部分的水域是在平滑的花崗石岩上流動，故流量急速。溪流本身就像是一個雨水道，對降雨和溶雪，都有很快速的反應。因此，有時，優勝美地瀑布會完全枯竭。

冬季，大片大片的冰錐形成在上段瀑布底部，那是因為瀑布降落的流水，遇到寒冷的空氣而凍結之故。大塊白色的冰錐、墜落的厚冰片及凍結的飛沫，構成了優勝美地瀑布之雪季景觀。

夏末秋季，水域乾涸，優勝美地的溪河會縮小至細流或完全消失。此時，遊客只能以其附近岩面上的斑斑點點藻類和青苔，來認定瀑布確切的位置。

經過嚴冬，暖春重回大地，優勝美地瀑布因溶化的冰雪，而大量之水流量起落急促。此時，水域流量大小實受到氣溫、一天當中的不同時間及距離融雪水源地的遠近等因素而定。

春天夜暗時分，造訪瀑布，近低段瀑布處，豐沛的飛瀑水沫和當空的皎月，幻化成幽靈似詭譎、慘白的銀虹，令人流連難忘。

一八七〇年，地質學教授Joseph LeConte就曾大加讚嘆瀑布之水有如從天傾瀉而落。

美國博物學家繆爾John Muir（一八三八—一九一四年），其人為負責建立加州的紅杉國家公園及大力倡議森林保護政策之士，亦是親睹優勝美地瀑布的奇美後，進而稱頌它實在是一則無止境的啓示！它每分鐘、每天、每一季都在不停地改變變換。當一個人靜觀時，體會到那掠過岩壁的山風、那光和那水，均在這不斷改變的舞台上，呈現齣齣不同的戲碼。

一陣強風吹過，弄得上段瀑布的水花飄墜四散。繆爾宣稱，有次，他看到瀑布之水在半空中靜止住，像極了暫時依靠在無形北風的手臂裏，休息片刻。

——荒野有情天

曠野一處，會被視為荒涼不毛、閒置無用?進而野心勃勃的想去改造它?

說實在的，一片荒野默默地提供了土壤、空氣、草木植物、野生生物、文化遺跡、火、風景和礦物等源源不絕的資源。

其實，人們因親近與善待野地一角，會無形地被潛移默化；回饋人類的是擁有較妥切的行為舉止，身心的健康明朗、自尊、自給自足、較高的精神價值外，習得戶外求生技巧、一盡生態保護的責任、做好水土保持、留存多樣多元的生物種類、保有基因庫、獲得乾淨的水源與清淨的空氣、能供水足夠無慮、保障自身與歷史的關聯、攢留一分對未來子孫的遺產，和獲取極大的研究、教育及經濟的效益價值。

荒野保護了人類社區所依賴淨水的流域。又因其中綠色植物與山林之過濾功能，它同時也改善了空氣品質。

曠野維持了基因庫，提供了多樣種類的動植物。生物的多元性，對探研生命網的支支節節，有其不可抹滅的重要性。又因為，由於其他物種的生存下來，使得人類的生存，才有可能。

荒野供給我們在醫學和科學研究上一個獨特、不可取代的「活生生的自然實驗室」。就文化價值而言，它也是一座寶庫；出自於其中被保護的人類手工藝品和容貌，可清晰地傳述並幫助我們認識祖先及他們與自然界之間相互的關係。

未受干擾的曠野之另一價值，在於保障了地質學上的資源，有助現在及未來的人們，尋探行星的奧秘與根源。

久住水泥鋼筋叢林、擁擠喧鬧城市中的人們，更是迫切需要荒野地所能提供難得無價的休閒娛樂。

知曉荒野對人類的多情與重要性，於是乎，儘量保留天然山野的平衡與秩序，已成為美國優勝美地國家公園當務之急的任務之一。

——萬物精靈．優勝美地．森林王國

動物

山野裏住著箭豬、浣熊、灰狐、花鼠、屬於北美野貓的短尾貓、蜥蜴、黑熊、愛吃種籽和橡實的加州花栗松鼠、蜻蜓、鹿、山獅、小狼、蝙蝠、土撥鼠、加州姊妹蝴蝶，還有，在高海拔的地區才看得到的北美山貓。之外，屬於冷血動物的太平洋樹蛙、青蛙、蟾蜍、蠑螈、加州山區無毒大遊蛇、響尾蛇等等。

大自然中，動植物各司其事。樹木和所有的綠色植物，如農人般都是生產者。它們利用陽光能源製造糧食。動物則是消費者，他們的工作就是吃、吃、吃！

如果有興趣探訪觀察野生動物，到那兒去尋找牠們的蹤跡呢？

答案是，要知道牠們在哪兒吃與睡。

每一種動物都有牠自己與其他動物分享的一塊棲息地。此國家公園內，基本上有四處不同的棲息地：山林、沼澤地、河流和岩屑堆。

山林棲息地有兩種樹木種類：像加州黑橡樹的落葉樹，及像花旗杉、黃松木、雪松等終年長青這一類的長綠樹。每年的秋天，當然就是落葉樹種其落葉的季節。又真菌類植物是一種腐生物，它把枯死的變為土壤。

有趣的是，活動棲息於此的動物，都有牠們各自偏愛的樹。例如箭豬希望靠近松樹。鴿類則鍾愛橡樹。相形之下，灰松鼠屬不挑剔的一種，牠們歡歡喜喜在不同樹種間覓食、嬉戲。

嚴格説起來，動物可細分為食草動物、猶如一位獵者的食肉動物、和吃植物與肉類的雜食動物。在食草動物中，以箭豬為例就特愛幼小的植物、灌木和小松樹的樹皮。有時候，牠們會把松樹給弄死。雖然如此，實際上，牠們的功勞卻是不但精簡了森林，且讓山林處於更健康的一種狀態。西方灰松鼠嗜吃松子和橡樹果實；鴿類吃橡實和草莓類，波氏白足鼠吃種籽。

食肉動物中的大角鴞，偏食老鼠和小鳥。

誓死堅守家園，以防其他鳥類入侵屬於雜食動物的唐納鳥，貪嚐昆蟲、莓類；另有兩種雜食動物代表，一是偏好愛吃老鼠、松鼠、莓類的灰狐，一是垂涎灌木叢內各種昆蟲的刺嘴鶯。

沼澤地和河流的棲息地，原則上，是兩種不同的棲息水域。多是沉滯的水與泥濘沼地的沼澤地，是親水的菅茅植物所愛紮根之地，也是蛙類與蛇類選擇居住的地方。至於有水流動的河流棲息地，確是羊齒類植物、楓樹、赤楊木和山茱萸居住的所在；浣熊在這津津有味地捉食河中豐富的魚類。

如果再仔細的探索研究，不難觀察到屬濕地植物的苔類或莎草（菅茅植物），是沼澤地區食物鏈的底層之一。北美雀科小鳥和波氏白足鼠吃苔類種籽而活，而產於北美淺褐色無毒的牛蛇再吃白足鼠為生。細小植物的水藻類，是此棲息地食物鏈的底層之二，水性食腐動物和甲蟲吃它們而長大，而黃腿山蛙再吃甲蟲及食腐動物；再往上是無毒的王蛇張大口把山蛙像吃包子般一個個入肚，飽餐一頓。小的羊齒植物或蕨類，是第三種食物鏈的底層，它們餵養了加州花栗松鼠，又松鼠成為紅尾鷹的美味食物了！

至於河流棲息地的食物鏈，亦是循環不斷、生生不息的。最底層微小的水藻植物供給蜉蝣吃，而在水中游過的鮭鱒魚張口順便吞下了蜉蝣；浣熊跑到河邊或涉水走進河中抓食鮭鱒魚；浣熊死後，屍體所產生的腐生物如幼蟲蟲子，是提供水藻類含有鎂、鈉、二氧化碳的滋養物。

最後，岩屑堆棲息地，堆積不少從山崖滾落而下的岩石。這兒的土壤乾燥且多岩石，較少仰賴水份的動植物在此欣欣向榮，經歷生命的循環。

那麼何處是動物的家？只要能遮風、擋雨、免日曬、避雪的任何地方或角落，就是動物們的家了。

不同的動物，住不同的家。有些和同類家族一起生活，如此，牠們可以節省身體所散發的熱量、嚇跑要吃牠們的其他動物，而且可以分工合作一起擔當養育小動物的責任。Acorn啄木鳥的家，是在樹穴裏；地洞是加州花栗松鼠的住家。

有些動物，卻是獨來獨往。這些動物簡單地找個棲身之所或囫圇吞地吃了一頓，也就輕易湊合打發過去。又牠們大多隱世而居，以致其他動物常常難得見牠們一面。譬如原產於北美西部又常於黑夜長嗥的郊狼，單獨棲身於大木頭的中空處、山洞、或岩洞裏；黑熊孤單地匿身在山洞、岩洞或樹幹中空的樹底；響尾蛇和Southern Alligator蜥蜴，獨自地安家於岩石間；Fox Sparrow麻雀獨處於灌木叢底部的土地上；蓬尾浣熊僅自個兒地落腳在中空的木頭裏或岩石間。

植物

優勝美地博物館前，有一塊高齡已有兩千七百歲的大樹橫剖面的展示。

今日，它看似龜裂且色澤暗淡呈黑、泛白、咖啡色及深棕色雜陳，不甚起眼。但它經歷過公元九二三年、又一〇六六年的哈斯丁戰役、一二一五年英國大封建領主迫使英王約翰簽署保障部分公民權和政治權文件的大憲章、哥倫布發現美洲大陸的一四九二年、一六二〇年清教徒登陸美東、發表美國獨立宣言的一七七六年、一八六〇年的南北戰爭、一八六四年林肯總統簽署優勝美地契據，及優勝美地國家公園正式成立的一八九〇年。

擔任導遊的公園管理員史提夫，在旅途中一個覆蓋厚厚一層落地松針的山徑上，拾起一個小毬果，告訴我們，它是屬於巨大植物美洲杉（或長葉世界爺）的。

粗壯巨高雄偉可達一百廿公尺高的美洲杉，是裸子植物，杉科植物的一種，原產於美國加州，是地球上最古老的樹。很多樹齡達兩千五百歲至四千歲之間。稱奇的是，它的每粒種籽的重量，只有零點零一公克！

年輕的導遊指出，在優勝美地國家公園內有三處可見此種巨樹區：Mariposa Grove/Tuolumne Grove，還有 Merced Grove。

史提夫個人最喜愛的樹，是紫色樹皮，摸起來又平滑又微涼的熊果樹(Manzanita）。他又叫它做「冰箱樹」。熊果樹的幼樹，其稍厚實的樹葉，有如打上一層蠟似的光滑，散放著濃冽的氣味。印第安人用此樹葉來驅趕蚊子，鼻塞時，可塞進鼻孔幫助呼吸道，泡茶時放些葉片飲用，可治頭痛。

森林內，還可以碰見加州黑橡樹、白樅木、Canyon Live橡樹、白榿木、梾木多花狗木、太平洋多花狗木、鹿蹄草科、腐生植物、加拿大細辛、赤雪藻、高山紫羅蘭、歐洲蕨、溝酸漿、白梗樹莓、Whitestem Hedge蕁蔴、巨大杉葉藻、Sierra Rein蘭花、蹄蓋蕨、Sierra Nevada紅醋栗、野鳶尾、黃松木、西方杜鵑花、花旗松、美國黃松木、加州海灣月桂樹。

山徑旁，有種籽成熟時，會隨風輕飄緩降似直升機的闊葉槭樹。

林地裏，不難發現白色漿果的雪果和散發香味是做木材好材料的雪松。

山岩間，尤其是在一萬英尺高的高山上，你會和山柳菊不期而遇。

鳥類

在優勝美地，超過兩百種的鳥類被發現及記錄下來。每種鳥都有自己獨特的習性與棲息地。

飛翔在天空、棲息在林間的牠們包括：黑頭松雀、加州桂鳥、羽色鮮艷一種中南美產鳴禽的唐納鳥、渡鴉、紅尾鷹、紅翅紫色鶇哥、美洲河烏、北美歌雀、黃腰刺嘴鶯、紅冠黑啄木鳥、橡樹果實啄木鳥、大角鴞、山雀、白喉褐雨燕、鷦鷯、旅鶇、藍尾黑冠與黑頭的北美藍樫鳥一種的Steller's Jay鳥和Band-tailed鴿子等等。

除了雨天、雪天，人們可隨時看到吵鬧喋喋不休、具挑釁侵略性的北美藍樫鳥Steller's Jay。他們終年留在此國家公園群山中的家。春季，忙碌於築巢、育子。別的鳥類極不願在聒絮不止、無賴、找麻煩、又愛奪食別的鳥類辛苦孵出來蛋的藍樫鳥巢附近，建築家園。

夏天，北美藍樫鳥爭先恐後的圍繞在小吃攤及野營區，等待遊客餵食。

秋季，有如花栗鼠般也有個肚袋的藍樫鳥，來來回回辛勤地將搜集的食物，置於袋中帶回貯藏地點，以過嚴冬。

不像許多候鳥，會於冬天來臨之前，遷徙溫暖的南方他鄉避冬，藍樫鳥依靠貯存的食糧，度過整個冰雪季節。

昆蟲

錨斑長足瓢蟲之外，史提夫還提到，甲蟲也滿多的。

魚

年輕的生態之旅導遊告訴我們，森林內的溪河中，有很多的魚。其中較常見的是彩虹鱒魚。

岩石

不同種類的岩石與其風貌，天然形成多種景色的容貌。

南極洲的Sentinel花崗閃長岩、岩屑堆、Half Dome石英二長岩、Intrusive閃長岩塊、Bridalveil花崗岩、Leaning Tower石英二長岩、Taft花崗岩、El Capitan花崗岩、Arch Rock花崗岩、變質岩、the Gateway花崗閃長岩、鐵鎂質的閃長岩和角閃石輝長岩。

野花

原野裏開著黃、紫、紅、藍、白等色爭奇鬥艷的野花：窄葉蓮、紅歐石南、深紅耬斗菜花、西方藍鳶尾、柳葉菜花、豆科植物紅花草、箭頭千里光屬植物、紫花錦葵、小象頭花、鮮紅溝酸漿、松木羽扇豆花、卡馬夏百合花、開大紅花的加利福尼亞倒挂金鐘、藍釣鐘柳、加利福尼亞印第安石竹花、粉色溝酸漿、大紅紅扁萼花、Rock Fringe、Mountain Lady's Slipper、Harvest Brodials、Bigelow's堆心菊、Bird's Eye Gilla及Sierra卷丹等。

——河邊、木屋

戶外生態環境之旅歸來，踏進小木屋，為了不荒廢大好自然美景，匆促灌了幾口礦泉水解渴，不耽誤的在床頭櫃上抓了一根香蕉和一個柳丁後，帶上木門，走向昨日黃昏邊看風景邊吃三明治晚餐的河邊。

午時三時三十分左右的太陽高照，照耀得臉熱眼瞇。帶頂便帽，涉足低淺冰冷的河流，一開始，不習慣河水冰涼，不多時趕緊抽身，返回岸邊。

一股作氣，再度走回河中，朝向橫亙在水中央的橫木邊，恭聽水流湍急聲。雙腳浸泡溪河中，陽光慷慨的灑落全身。

仰視，看似近在眼前的優勝美地瀑布，自高處輕飄而下，錯覺的以為它若一條若即若離似實似虛的長白絲帶，虛幻情迷。

四望，雄偉氣勢的岩崖、岩石塊與岩峰，頂天立地，隨處可見。

轉身歸返木屋，目前暫且在森林天然公園小居數日的木屋。

敞著木門，將木椅頂開著木門，坐在屋內的木椅上，腳丫翹在小木桌上，迎著風且面朝屋外的方向，低頭筆記零星雜感。

餘光，觸及來到屋前忙著東竄西找像是在覓食的松鼠，抬頭正視牠的動靜。牠正擬私闖未掩的木門內，我的故意輕咳聲，將松鼠給嚇跑了。

又一隻小松鼠，輕快地滑入我的左邊視線。牠時而快速連續顫動黑亮的小鼻子，一對小眼睛靈活溜轉，時而觀望我的一動一靜。

我的雙眼直視牠的雙眼數秒鐘之後，不知小松鼠的心事是害怕還是害羞遭人逼視？牠急急地鑽入木屋門階下的沙土中，藏身起來，一溜煙不見了！

山中徒步遠足

優勝美地國家公園，百分之九十是山林荒野。

每年吸引四、五百萬的遊客，從世界各地來此接近大自然。其中，約有五十六萬之譜的徒步旅行者，用雙腳步行的方式尋幽探勝、登高望遠或計劃走一趟健康的森林浴之行。

今天很多人類足跡踩成的山路小徑，可說都是數千年以來，山中原住民翻山越嶺爬過內華達山(Sierra Nevada)，為了與毗鄰的人們以貨易貨，一步一腳印所走出來的。

近代早期鑿闢通往優勝美地山區的道路，都是在一八七四年打通的。

去年，七月廿五日，史丹福大學博士班學生兼助教傑夫，領著我們從谷地，順著羊腸鳥道的小山路，走向山巒疊起雲深不知處的另一座瀑布所在。

傑夫的姓是老火腿(Oldham)，誠屬特別。

成行前一天，他提醒我們別忘了帶水、夾克及巧克力、乾果、葡萄乾、花生、肉乾等能產生高熱量的食物在身。另一方面，機會教育我們：要將垃圾打包帶下山，因為每年夏天，公園管理員都需在山林中清理收集一千多磅的拋棄物等帶下山來；攜帶並善用地圖，因為森林警備隊員每年要營救山中迷途的羔羊兩百人次，其中三分之二是徒步登山旅行者；欲征服Half Dome山峰的各路英雄豪傑，切記要帶手電筒；野外紮營者，小心黑熊會偷吃食物，故把吃的東西貯藏在讓貪吃的熊看不到及無技可施的地方；山野中的溪流河川，水流湍急、冰冷，非常危險。

登山健行的當天，自信年輕又斯文的老火腿先生一馬當先。沿途山清水秀。他忙於介紹Panorama山崖，另山崖的形成，是因冰河擦身而過所致；又冰河移動的速度，有如人的指甲成長的速度。

一段時間過去，在一木橋上，驚喜見到遠處高度有一百米長的Vernal瀑布及其旁邊的小彩虹。Vernal的意思，是春天的意思，他說。橋下奔流的水花，吼聲狂嘯直往巨石間衝撞而下，之後，隱入背景為大岩山、另有交會的支流與藍天下之下的Illiouette溪。

氣吁吁上氣接不了下氣的，一路攀爬向瀑布的上端。水汽、噴散的瀑布水沫，濺了一身，又冷又溼。

瀑布前活生生的一道彩虹在望。挨近，將它看的清晰無誤。人人走進彩虹、走出彩虹，像是淋了場夏日的驟雨，或像是淋了一次沐浴，外加沖洗了頭髮似的。全身被水打得濕漉漉的！

還沒完，半個第二道淡淡的彩虹，懸空成形於第一道彩虹與更近瀑布之間。

爬至岩頂，即瀑布上端的源頭水域區，卻是陽光溫煦的對比。

坐在松鼠四竄因忙於乞食的傾斜岩面上，終於歇歇腳舒了口氣。

每人靜默無語地吃喝之際，順便讓暖陽和柔微的山風，烘乾衣服，這時，才拋開方才飢寒的窘境。懶得開口講話，一半是因為登山疲累，一半是瀑布水流聲如雷轟在側，真要講話，得需格外賣力，對方才聽得到與聽得清楚。

天空湛藍無雲。黑頭黑冠藍尾藍肚皮的鳥兒，銜含著人們餵食的餅干麵包屑，與奮飛快地飛停在瀑布旁一樹梢安全地帶，好好享用。

一位同學忍不住玩起岩石邊的流水，拿下眼鏡置於腳邊，竟不經意的被起伏的急流沖走了。

傑夫說，冬天的時候，瀑布旁小山路上會有不少看似冰箱冷凍庫內所結的塊塊冰片，它們堆積在一塊兒。它們是由於上端冰塊稍融化鬆動，滑入山道小徑逐漸堆積之故。他又說，當他拿起冰片觀看時，片片是看得穿透、純淨、無渣水泡，正如水晶般清靜。

再看急湍亂鑽起伏的滾滾水域，有若燒開的滾水般在河面上不停滾動著，然後雷轟傾盆滑落山谷，形成萬萬顆晶瑩的水花水簾一幕。淡綠的水，落至谷底的數塊巨石間，繼續向前蜿蜒，流進小溪灣樹林深處，這時候的水道顏色，再由淡綠轉換成不透明呈乳白狀的水，似牛奶的水流。

瀑布兩旁，水氣充足，山崖、岩壁上多附沾著片片點點的青苔。

居高遠眺，萬馬奔騰滾落的瀑布一景，猶帶著濛濛水霧之氣。

山高水遠！

腳下，那道較大的彩虹，依舊懸掛在那兒！

──火

火，也是一種生命的表現，生態之旅的導遊如是說。

一百多年來，包括優勝美地國家公園管理局在內，土地管理人員均視森林火災為一件不好的事件，因為它損害、毀壞人們所看重的。那時，不論是人為或閃電所引起的森林火災，都無不立刻盡力去撲滅它。

不過，最近科學家們發現森林著火，有時對很多自然系統而言，是很重要的。它打通了森林，讓需要陽光的植物得以茁長，以吸引野生動物來逗留棲息。森林中被焚燒的，都會轉換成土壤中的滋養物。

當地的印第安人，當初就知道森林火的價值與意義。那時，他們定期在優勝美地山谷縱火燒林，藉以清除暢通漫草荒地，助長各種藥草、灌木的栽培生長。

在歐洲人到達之前，優勝美地較低的海拔地區，每十年至廿五年，都會有一次因閃電而引起的森林大火。

今天，有關人士意識到，森林大火一般而言是要去撲滅，然而，有計劃去火燒山之拿捏，建立於它必須要依規定而行，例如好好地評估地點、天氣預報、被威脅的物種及對人類和自然平衡架構之影響等因素。

大部分的動物不會被大火傷害，比如當其他動物能在地下找到避難處時，鳥類和哺乳動物也都能安然暫避。

加州原產，高度可達一百卅米的巨木紅杉，借助山林之火，清除林地上的雜物，這樣，紅杉的種籽才能在無障礙、飽含著豐富礦物質的土壤上，萌芽茁壯。

有些樹種，也需要利用火來催撬他們的毬果，如此，傳宗接代的種籽，方能傳播出去。

沒錯，大火過後，山林土地上的風景，會暫時呈現一片不毛的瘠地，但是別急，大自然的神奇力量運行不久之後，眼花撩亂美不勝收的生物，即將露臉迎人。

不可諱言的，森林大火會使得優勝美地國家公園內壯麗迷人的景色及空氣品質，受到一段時間的波及。另外，受到地球溫室效應的影響，森林較前更容易著火。

有趣的是，記得在一九九〇年夏天，伊拉克進攻科威特引發波斯灣戰爭後，一位搶救戰爭中科威特油田大火危機的救火人員，在接受訪問時曾說過：「每場火，都有它獨特的個性，我們需要用不同的方法去處理它，以求各個擊破！」這真可說是，不但每個人有每個人的特性，每場火還有每場火的特質哩！

——山

山，不就是簡簡單單的山嶽嗎？有高有低、有大有小、有前有後的山巒，如此而已！

自從一親優勝美地國家公園大自然的一隅，領受到它深度與廣度的自然洗禮後，身處群山環抱的山林，再看想那拔地而起險峻山脈的面貌一番，原來的山岳，竟也被敷披上一層豐盛、富足、活潑的意象與概念。

它，明亮了起來！較先前。

思想一下，山丘裏有山風、山嵐，有山泉、山川、山河。

想到山路、山地，還有山村、山林與本著原始意圖在山坡地找到棲息的山人。

山頭、山峰、山嶺和山腰。

山麓中，有山巔、山崗、山崖、和那山谷與峽谷。

山口、山窩。山溝、山澗。谿澗、谿谷。山隘、山坳。

差點遺忘了山脊及山腳。

總是留下一點過往生命遺跡的，山。

所以說，山，不再是個簡簡單單涵蓋過去的圖像。

它，風情無限！

(二)藝術·十九世紀

參觀舊金山美術館的日期時間是七月十三日，星期六，早上十一時半左右。館內的陳列藝術品，以不同時期年代的美術作品與羅丹的雕塑為主。

巴洛克風格(Baroque)興起，影響了整個歐洲。就文學而言，崇尚結構複雜及意象新奇而模糊；在音樂上，則趨向採用數字低音和對位法裝飾，以求新奇節奏的效果；至於建築與藝術，則運用裝飾曲線來追求動勢與起伏，以舖張浮華為特徵。

先觀賞的是義大利和法國的巴洛克藝術。追溯，一六〇〇年一種新興視覺藝術巴洛克風格，在義大利羅馬起源。它著重於對自然本性的直接領悟，以自覺反應為出發點，迥異於十六世紀不自然的風格主義、矯飾主義。這時，除了傳統宗教性和歷史性的繪畫主題，新題材諸如風景畫、靜物及日常生活中的景物，也都開始入畫。個人獨特的個性和心理變化，也都開始加以細緻地表達與著墨。因此，這時，藝術家對肖像的描繪，較前歐洲美術史上任何一個時期都寫實。

展示的作品當中，例如，有一暗一亮的牆角、近山暗而遠天亮；一幅是騎馬的人、行走的遊人和坐在石塊上看守羊群的牧羊人；又笑容可掬的老夫婦與身後的幼子；另外有一位正在為滿面笑容的少女算命的老婦。

十七世紀的歐洲兩個極具影響力的藝術中心荷蘭和法蘭德斯，其著名巴洛克藝術家的畫作，充滿了風景、人像、都市景像畫、建築畫、風俗畫等不同的題材與品味。

十八世紀中葉，因受曾被火山噴火所埋沒之義大利古都龐貝城發掘出土的靈感啓發，美術圈掀起一股新古典主義的藝術熱潮。

尚未繼續往下欣賞十九、二十世紀的美術精品時，想暫且退下，走向館內附設的咖啡小店，圖個小憩一會兒。

點了一客一塊錢美金加稅後一塊零九分的黑咖啡，不加糖，不加奶精。坐在戶外小庭院中暗綠色休閑小鐵桌旁和鐵椅上，吹點陰涼的風，看點山下的煙靄和望點近處數棵直挺的高松。

隔壁有兩三桌的學生們在喝飲料、閒聊！

「冷嗎？」這是我們的招呼語。

院中英國雕塑大師亨利摩爾（Henry Moore，一八九八—一九八六），於一九六八年所完成的銅雕像「Two-Piece Reclining Figure No. 9」置於一角。

就是這座銅塑，燃起了和政大兩位女同學，在樹下閒話雕塑世界。

返回美術館內，不敢懈怠、馬不停蹄再接再厲看完十九、廿世紀的美術品後，才認識到十九世紀的美術發展，對我們現處的廿世紀藝術成就，有深遠的影響。換言之，主觀認為在人類的藝術發展史上，十九世紀的大環境與美術的創作表現，可被放置在一個承先啓後的重要位置上。

十九世紀的歐洲，在西方藝術史上是最豐收與複雜的時代之一。它是一個經歷了社會、政治、知性和藝術領域劇變的時期。它發展出多樣變化的藝術風格，而每一種風格，是對外來世界的衝擊，都有著一種不同的理解與詮釋之故。那些百花齊放自由創作的一一風格與精神，多少左右著廿世紀當代的藝術家。

那時候，殖民地、非洲、亞洲和美洲大開異國風味眼界的旅遊，帶給歐洲美術創作者前所未有嶄新的文化和藝術衝擊與火花。婦女也踏足科學、文學與美術的天地。

西歐巴黎，雖然是當時歐洲馬首是瞻的藝術之都，但是重要的作品大都出自於布魯塞爾、杜塞爾多夫、慕尼黑、奥斯陸、羅馬、聖彼得堡和其他城市。

除了政府贊助的沙龍，又增多不少畫廊展覽和私人展覽會場。較之以往，這些大量的藝廊展覽會場，提供當時藝術創作者的作品，有更多陳列發表的機會。也因此，畫家們著眼不同的作畫風格之創作，以迎合大眾多樣的口味與需求。

十九世紀私人收藏家、經銷商和輿論，造就了繪畫藝術世界被帶進今日廿世紀，我們所熟悉的現代藝術銷售市場的雛型。

以至於，廿世紀曙光乍現，即刻引起各階級階層勢如破竹的改變。

先進的科技發展，徹底改變了對自然世界的視野。戰爭和政治動亂，重新草圖歐洲的地圖和政治體系。人文科學的發展，建立在後印象派主義去自由解釋、圓夢的風氣上。

廿世紀的歐洲藝術創作者，於是開創出一波波重新檢視週遭的世界，衍生出令人振奮不已的新視野。一例，一九〇七年至一九一〇年間，西班牙立體主義畫派主要代表畫家畢卡索，和法國立體主義畫派代表之一的畫家布拉克，兩人協力地發展出，利用幾何學的簡單原理及改變空間排列的美術立體派之流。

在舊金山美術館內細思量，十九世紀的藝術生命的表現，是奠定了我們現今廿世紀美術光芒風采的重要滋養元素和基石之一！

㈢西比河的迷人原始藝術

今年，我沒有跟著大夥去「Great America」遊樂區坐凌霄飛車和看秀，去年我去過了。我選擇留在校園裏。

下午兩點左右，我人已經在史丹福大學內獨樹一格的「新幾內亞雕刻公園」裏，享受著微風拂面的舒暢。

除了一兩隻在樹林深處吱喳的鳥兒，又天空上一架小滑翔機的引擎，正按著一定節奏發出規律的聲響可聞，由一端漸漸地飛向另一端。

地面上公園中的綠蔭下，擺列著散發西比河(the Sepik River)原始藝術迷人風采的木雕、石雕。

西比河文化，源自於新幾內亞，它是一個擁有一千多種以上的方言、七十多個族群、兼具有多樣文化的地方。

這座雕刻公園的構想、萌芽、實際的籌劃到最後美夢成真的整個過程，成為一種可能，是一種天意，一種圓滿！

一九八九年，史丹福大學人類學系教授Jim Mason，由美國啓程赴西比河地區，深入野外調查研究的工作。是當地的藝術家Naui Saunambui和Yati Latai向研究教授提出，在史大校園闢建一座西比河雕刻公園的構想。

極想回饋幫助他做研究的盛情，這位人類學教授回到史大後，得到人類學系的充分支持，開始籌劃募款。四年之後，他再度回到新幾內亞，徵召一群當地傑出的雕刻藝術家，一路陪著他們來到美國史丹福校園，並擔任監工之職，看著這座公園由設計討論、雕刻創作、造園、到完成開放。

十位來自新幾內亞西比河的原始雕刻藝術家們，於一九九四年開始在這片雕刻公園預定地上，大顯身手投身創作的工作。經過半年辛勤的斧劈、刀鑿與輕鬆的社交、觀光，他們不單留下公園內遊人今日所見多件的藝術品，更讓史丹福大學及當地社區居民，擁懷一個豐美的回憶與情誼。

雕刻創作者分別來自Kwoma和Iatmul兩地區的六個不同的村落，這也是他們第一次遠赴新幾內亞境外之地創作的經歷。年齡層分佈在二十七歲到七十四歲之間。結合了年長者藝術家們廣泛精博的神話與藝術知識見聞，和年輕藝術工作者旺盛充沛的體力，終使得多件極富其西比河祖先文化色彩的藝術品，順利在這西方公共藝術環境裏遺愛。

這些被挑選出來的創作者，在西比河沿岸，都是深具知名度與具有極崇高的藝術成就之地位。另一方面，由於創建原始藝術公園，也提供他們一個親身體驗美國人的禮儀典範和奧秘風俗習慣的機會。

原木木樁雕刻區所聳立展示的藝術品，欲傳達原始創世故事中所強調象徵男性繁殖力的重要性，及其擔負著維持社會和政治的秩序之功能。

傳說，西比河的神靈會堂來自於水，於是公園中高聳直立的原木雕刻品，多有水或從水中而來之物的雕刻圖案。鱷魚的圖像浮現在長根直立的圓木上。鋸齒形的刻紋，是風吹水面所蕩起水紋之抽象表現。高直原木頂端的長形臉狀的雕刻，是樹靈。

在兩座圓塚各端，有鳥身鱷魚尾的圖刻，是敘述神話中名為Kura的女子，有天在湖中被一隻鱷魚救起。她和鱷魚先生結婚生了兩個孩子，這兩個孩子們可自由變形成老鷹或鱷魚。終於有一天，這兩位鳥鱷孩子將他們的母親帶回她的故鄉村落。

該區的藝術品，是用人工手製的鐵手斧、斧、堅固的鑿子、刀和鏈鋸等工具雕刻而成。

原木樁是雕刻大師們在家鄉新幾內亞親自挑選好後，再運到史丹福校園，做為木雕之需。

不受時空的限制，創作者決定還是依故鄉Iatmul神靈會堂的平面圖，來排列這些原木雕木樁。將它們留放在空曠、延伸的空間，並藉假山小丘和裝飾性的植林，盼足以反映西比河上神靈會所附近的庭園建築之風格。

對他們部族村民而言，西比河岸的神靈會堂的藝術建築及庭園景致，提供村落村民聚集和好友鄰居談天之所，工作一天後休息之處，和樂享在他們所居住的環境內，當地藝術家們所創作視覺的與神話的傲人作品之地。

另一角落，為多彩、描畫、著色的原木雕刻區。那兒的作品，大抵是 Membor Apokiom和David Kaipuk兩位大師的傑作。在新幾內亞的Kwoma地方，他們神靈會堂雕刻的原木樁，都予以繪上色彩。

在西比河，用土作為固色劑顏料，在史丹福，藝術家們用丙稀酸的乳膠，來符合西比河的傳統原色。

抽象的圖騰、植物與動物圖像，屬於西比河部族的文化傳統。

近瞧觀賞上彩的圓木雕刻，內容有甘薯豐收圖；在此區最高木樁上雕刻的迎面大蛇，它代表一個自然的神靈，自由的在石頭和蛇之間變形。

再一轉頭，眼前，排開散佈不同角落的十座石雕，赫然聳立於佈著落葉與木屑的土地上。

石頭，在西比河沿岸，不是傳統被用來做雕刻的素材。然而，前來加州創作的原始藝術工作者，有著濃厚的興趣去嚐試，用不同的材料，做出不同以往的藝術創作。

浮石，取材於加州、內華達兩州邊界的Mono湖。雕刻的工具為水泥手斧和鑿子。

石雕作品的內容包括創世的傳說、從Kwoma 和 Iatmul 部族祖先所流傳下來的神話，還有居住於西比河岸村落當地地形中的惡靈。

在遠處角落的大石雕，竟是羅丹作品「地獄之門」的重新詮釋之作。

最有趣的，要算在右側的水中惡靈Yingatabandu石雕像，其被原始藝術創作者Jo Wakundi所雕刻出來的面貌，像極了美國前總統尼克森的面相。

新幾內亞的西比河，是木刻藝術的精華區。

台灣知名人類學家、作家、畫家、探險家的劉其偉，界定原始藝術為：未經修飾的純真藝術，直接發自心靈的深處，有力的帶給我們無限的啓發性。

多麼精準的一個註解！

又某日下午，見公園中的自然綠蔭重重巨傘下，於陳列的石雕與木雕的周圍及側旁，安擺著廿五張圓桌，又每張桌子圍著八張漆成白色的摺疊鐵椅。兩張長桌，是預備和放置食物、飲料之用。

可預知，不久之後，有不少人預盼有個愉快且沾滿異國藝術氣息的周末户外野宴。

好一個絕頂聰明的主意！這種環境，實在是在艷陽夏日裏，要户外辦桌最理想之地。可以想像，賓主將會是如何的盡歡。

造訪這座新幾內亞雕刻公園一次以後，只要我有午閒，我都會情不自禁的跨上單車，去公園內呼吸一下西比河的原始傳說與神話。

踩踏在雜鋪著沙土枯葉小枝木屑的小道上，沙沙的跫音，意顯原始野性中的純真、清幽、深遠與絕美。

㈣繽紛·絮語篇

史丹福大學相關單位，把我安排在富西班牙建築風格紅瓦屋頂白牆的研究生Rains宿舍區，門牌是三十四B。提著行李進屋，喜見圓木桌上放置著一盆淡紫菊，和一小竹籃裏裝有一個加州紅李、一大串綠色葡萄、一個澄黃的水蜜桃、兩個杏仁的新鮮水果盤。旁邊，還放著一個煮鍋、八個深紅色免洗塑膠盤、一包紅白兩色相間圖案的紙巾，附加兩個深土黃色長型塑膠杯。一見就笑，真細心！去年，住在亦是研究生宿舍的Hulme Court裏4D公寓內。當時，跨進大門，相迎的是鮮花一盆與冰箱內一紙盒冰淇淋。

對方暑期班行政主任愛麗絲，在第一次集合見面時，就大鑼大鼓明示未來四星期生活和學習的四大主題：獨立的培養、多元包容性、社會變遷和國際關係。每天早上九時至午時十二時為上課時間：第一節上語言訓練，第二節為時事討論。每天都有作業要做，最後一週交報告研究並口頭發表習作。曠課兩節，學分鴨蛋。到達校園後，第二天為學生們能力分班考試：第一部分為聽力測驗，第二部分為面談。暑期班的既定目標為期望同學們無偏見、充滿好奇心多發問、凡事儘量自己來富冒險的精神、將自己照顧好對自己負起責任感、準時、安全第一、獨立、和多體諒別人。團體聚集開會的性質分為討論（種族問題、同性戀、愛滋病、宗教、國際問題等主題）、邀校內外專家學者來主持不同性質的小組討論會、遠足、趣味活動（如運動、看電影、玩遊戲、訪問參觀等）。其他設計安排的活動包括户外仲夏莫札特音樂會、自願義工去教會救濟餐廳為無家可歸貧窮之人打菜或陪社區貧困的青少年孩童一起玩球賽談天、參觀舊金山美術館、觀賞Monterey市水族館、去舊金山看歌劇「歌聲魅影」、開旅行車去舊金山户外棒球場現場觀看大聯盟職棒舊金山隊和洛杉磯隊較勁、和台灣留學生面對面座談、史大接待學生們偶爾會召集組隊一起去打保齡球或喝咖啡或看夜景等及其他每日既定的活動。

六月廿九日星期六，晨起拉開窗簾，晨光撲臉，好心情的迎接一天的開始。在停車場遇到獨自一人出外遛達閒逛的同學，我們談了點美國的種族問題、貧富距離及生活水平。下午一時卅分至二時，召集交大同學們開會，提醒和說明不少該留意的雜事。強調騎腳踏車要小心，因去年本校有位女同學騎單車摔傷。最重要的是不分男女同學，都要隨時注重留意個人人身安全。一位研究所男同學擔心的看著瘦弱的我，冒出一句：「老師也要小心！」

夜間，踽踽獨行於校園的樹影月光之下，體會到，用「夜涼如水」來形容史丹福校園夏天夜晚的户外天氣狀況，是再也恰當不過了。

中飯前幾分鐘，在學生宿舍附近隔街的Lake Lagunita淺湖岸邊，一排樹蔭隧道下，躑躅兼閒看湖水中的水草、浮木；湖畔鮮艷鵝黃色的遮陽海灘桌椅；盛開著紅白粉三色花朵的夾竹桃樹叢；高大的桉樹；正掉落的蘋果，迫不及待急墜，加入已是覆蓋地面一層的蘋果堆中。閒聽關關的鳥鳴；閒嗅空氣中飄傳來陣陣清幽的綠樹草香，霎時，把人催得平和悠哉。走回學生宿舍方向，途中不期遇見一位騎單車下課準備吃午餐的同學：「我昨天下午就開始做功課，晚上和大家一起去看場電影，回來後，再熬夜到清晨兩點，才把功課做完！」我笑說：「你又回到交大的生活了！」「在交大也沒這麼辛苦！」對方認真的回答我。

七月三日星期三，中餐時，我拿了個Artichoke（洋薊）放在餐盤裏，剝去層層如花片包裹厚硬綠色的外皮，剩下小小淡色無味的花苞，然後一口吃下它。話說，多年前的一個晚上，來自中南美洲的室友，可能思鄉情切，心血來潮要開車去超市買他最懷念的家鄉食物，下廚烹煮請我和他分享人間美食。折騰了好一會兒，只見他將綠色的洋薊放入燒滾開水的鍋中，煮熟拿起，他示範教我怎麼吃，結果是他一層層的去皮，只剩下熟熱小小的苞果，沾點醬料後入口，頻嚷好吃！我如法炮製吃了一個後，不敢誠實表態掃他的興，然而，股子裏暗忖度：還好啦！不過爾爾！

我和接待學生布萊德那組的同學們，一起等坐史大的小型免費旅行車，到離校不遠的Palo Alto市區，隨意四處走動增廣見聞，為當日下午的活動項目，經布萊德的建議，我同他前去一家成立於一九三五年，小城中最老的書店Bell's Books內，瀏覽群書飽嚐翻書之樂，然後，兩人再鑽進另一家賣舊書古典唱片CD海報的書店，又是耳聽優美的音樂，兩眼到處看看翻翻。家鄉在東岸麻州的布萊德，每次從西岸打電話回家問候二老，屢試不爽，愛爾蘭裔的雙親開頭的兩句話總是「加州天氣如何？」「加州現在幾點鐘了？(美國境內時差之故)」。另外，他從小就習以為常不足為奇，而我們台灣來的同學們，看到了會情緒激動驚叫不已的是看到校園中的松鼠，此種反應，令他百思不解與引為一個笑譚。在一次晚間團體聚會時，布萊德帶假髮、上粧穿女裝，嬌滴美艷地出現在眾人面前，全場歡聲雷動。他的男朋友是位印度來的留學生，他描述有天他們兩位男士在市區裏手牽手逛街，引起一位側目的開車族，向他們語出惡言。憶起在新竹一英文寫作課堂上，放暑假前的期末一週，要求學生們當場寫一篇題目為「夏天」的作文，在第二節下課時交卷。抱回作文，在研究辦公室內吹冷氣閱讀批改，看到一篇男同學所寫半頁寥寥數語的作業：今年的暑假即將來到，但是它將是我最難過與難忘的一個夏天！因為，就在今天上課前幾分鐘，我的男朋友告訴我，他要和我分手……

今年的夏天，美國好萊塢電影「龍捲風」、「鐘樓怪人卡通片」、「脫衣舞孃」、「獨立日Independence Day」、「Ereaser」、「Nutty Professor」等片相繼出籠、爭奇鬥艷。兩部旅行車，將我們送至電影院，各取所好。我和幾位同學看卡通片。散場，有位同學和我聊了一下這部狄斯奈的電影。隔天，我剪下一篇聖荷西信使報影評文章給他閱讀，其大意：「鐘樓怪人」，是法國作家雨果（一八〇二——一八八五）一八三一年的文學作品。他以一種飽含藝術技巧品味，配上翱翔、優美、幽默、感情細緻的筆調，敘述描寫中古世紀巴黎的一則故事。影片插曲歌詞中唱到「人與怪物的區別何在？」這足叫人深思回味的！簡而言之，除了娛樂，電影所欲表彰的真諦，在於我們應以行為來衡量人，而不是對方的面貌長相。

美國國慶七月四日，放假。政大交大兩校學生們和接待學生們組隊比賽排球。每一組都是三男三女。我被分在凱莉那一組，一看，成員多為政大同學。第一場和愛迪生那組比賽，先是輸的慘不忍睹，我們球員彼此心戰喊話為自己打氣，誰曉得，竟然後來居上反敗為勝。其間，我為了救一球，右膝滑倒在地，有兩處淤傷破皮，忍著不予理會，幫個忙，戰況激烈，哪有時間想到個人傷處。第一場加冕為勝隊後，事不疑遲，接著，馬上又上場接戰布萊德隊，再看，我還是和交大本校幾位男同學對壘。其中一位對手，還曾是我教過的學生立言兄。一種拉鋸戰的狀況下，難分難捨，緊張豈止萬分！結果為了一個界內、界外球，我和他「Outside!」、「Inside!」你來我往、互不相讓，熱鬧非凡！只好重來。思忖一下，老師和學生打球不必太過認真，旋即又想，比賽球場上還客客氣氣的分師生，那多無趣。如此轉念，我又變得理也直氣也壯了！第二場，我們還是僥倖獲勝，我們這一隊樂得又叫又跳又男女彼此擊掌慶賀，也顧不得想不通怎麼我們會贏球的？立言兄會不會介意，我這做老師的還在球類比賽時和他斤斤計較？難以揣測，不得而知！直到要坐飛機回台灣的當天中午，我才釋懷。那天早上當我宣佈同學們去旅館櫃台還鑰匙退房時，暫時把行李都放在我的房間後，他們可以統統出去吃午飯逛逛，待下午四時遊覽車來接我們去舊金山國際機場時，再回來拿行李登車。我一個人守在房裏看著堆積如山的大大小小的行李提袋背包約半個小時的光景，有人敲門！「你吃過飯沒？」他一進門禮貌的問我。「還好不餓！」我說。這下子，他慫恿我去吃飯，且自告奮勇的暫管行李。擔心怕他無聊，「沒事兒！我可以在房間看奧運轉播！」那麼關於兩人爭球之事呢？相信他壓根兒早就忘了且也會認為，那是打球，好玩嘛！

講到比賽打球跌傷，心地善良的政大同學Virginia謝，去她宿舍房間拿藥膏，幫我敷傷，交大培均兄，也幫我打開急救箱來。

黃昏走回住處，經過天井庭院時，喜見兩棵結了不少青黃果子的檸檬樹，趨前探手，從每棵樹上各摘一粒新鮮飽滿的檸檬果。進屋放置在淡藍色的大陶盤裏，不多時，即散泛著一陣果實清醇香甜之味於一室。晚上九時許，政大陳教授和太太小孩三人特地前來探詢腳傷一事。他們詫異宿舍院落有新鮮檸檬可看可摘。送別他們之際，順便帶他們至樹旁瞧個夠。當然，小男孩的手上，比剛才來時，多了兩個秀色可餐的果子。

訓練同學們獨立的日子，是在七月九日。以同學們分組上課的原班人馬為單位，各選出一位領隊。暑期班主任愛麗絲交給領隊同學裝有各組買火車票及公車票錢的信封。每組到了舊金山後，再按照信封內給各組不同指示的路線，搭不同的巴士走不同的路街，到達共同的目的地三十九號碼頭後，各領隊打電話給在學校等候的主任，接著即可自由活動到大夥集合的時間。黃昏，驅車前往日本城自費吃日本料理。

我從來沒有親眼見識過低音大提琴有多高大，直到曾加入管絃樂團擔任伴奏的愛麗絲主任，出場為大家演奏一曲「大象」曲目時，我看傻了眼！那把低音大提琴，竟比她高出兩個頭！

才藝之夜，有人演戲、有人自彈自唱、有人演奏非洲音樂、有人邊甩水袖邊吟誦中國古典樂府詩。當有位表演者專注的在鋼琴的鍵盤上敲彈出浪漫的婚禮演奏曲時，不經意看見室內有人用手指隨著旋律打著節拍。室外陽台上，兩位離群著布鞋的女同學們，不約而同地面對著夜空凝望、無語。背對著演奏者與大群觀眾，但是她們沒有和團體疏離割斷，我如此有把握是因為：一頭微鬈長髮掛幅金絲邊眼鏡的她，正用腳打節拍；另立於她身旁一動不動的另一個她，若有所思直視著神秘夜晚的天空，緣於歌頌婚禮之動人音符之催化，不自覺地神遊於多情幻化的境界裏，沈思著青春心事?!

欣然和政大一位文學院女同學，在戶外大樹下，共進周末早餐。都是國立大學，女多於男的政大和男多於女的交大，兩校男生有何不同？她說：「交大男生較嚴謹；交大校園內的種樹和自助餐廳內的氣氛和擺設裝飾，無不充滿了陽剛味；一般而言，交大男同學一有機會，忙於四處交女友，但將來都會較疼老婆！至於我們政大男生，他們不但身在女生所佔比例極大的環境裏，他們更處在花花世界的大台北。如此說來，要是約會等女生，三分鐘她還不出現，他是掉頭走人！此處不留爺，自有留爺處！」一個星期左右後彼此在路上碰頭，邊走邊談，談到一位女同學是我們交大的學生。她驚訝不可置信的神情看著問我：「真的嗎？她那麼女性化，我還認為她是政大的學生呢！」

每次來到舊金山的唐人街中國城，不習慣海風灌吹得城市內各角落涼颼颼的，最擔心襲冷的勁風，吹得人心被迫沾染了莫名的淒涼，在夏季！然而感到親切快樂無比的是，目睹滿街的中文招牌、街道兩旁的燒臘店、糕粉小食店、粥粉麵飯小館、魚蝦鮮肉攤、賣東西雜貨南北土產的雜貨舖，更還有擺賣空心菜、荔枝、白蘿蔔、苦瓜的蔬果店。

每天，都有川流不息的遊客，蜂擁至舊金山Lombard街的九拐十八彎奇特街景來觀光。我是氣喘吁吁的從山坡下的平地，沿路走到山頂的街頭。途中，觸目所及，汽車是一部接一部的從高處開往低處陡峭的紅轉花園街道，如織的遊人上上下下地遊走四處到處照相。站在頂處往下鳥瞰及平視：海灣大橋、海灣內點點白帆、燈塔、建築屋宇、交錯縱橫的街道、行駛中或正停放路旁的車輛、貼粘在藍天一片一動不動的白雲數抹在望。走下街道回市區，踏著往下石階，人人把握良機順道東張西望街旁住家區的庭院、車庫、花園。自忖：他們住在這兒，有隱私嗎？是福是不幸，還真因人而異。

下班時間，橘紅色跨海灣的金門大橋上車水馬龍。學生們不畏懼地頂著刺骨的海風，走在橋旁人行道上，忙著找個位置好背景佳的地點攝影留念。品看風景，似乎倒是其次。「我幫你照一張相？」一位同學看我手中未攜相機，於是好心相問。「不客氣，你們照！儘量多拍照些好留念。」我滿懷感激的微笑婉拒著。可不！說來也不知怎麼的，除非萬不得已，我不熱中照相拍照，已經有好久了！

兩部載滿著我們的旅行車，從校園出發開向二八〇州際公路，直奔舊金山市的一個市區教堂Glide Church，擔任義工為救濟人士供應晚餐的服務。一路上，車內播放著屬於年輕、快節奏的音樂，其輕快流暢的旋律，不期和車窗外新綠的山丘和艷陽相輝映。到了教堂，被帶進一個大廳，每人拿著並撐開摺疊椅，坐下。牧師的太太，是位開朗健談的日本裔女士。她有系統地暢談教會的行政工作、各類慈善活動和不同課程安排。牧師是位非洲裔美國人。他們兩位都為我們介紹教會中所進行的工作。之後，我們參觀他們的電腦中心／職訓中心，主要是訓練有需要的人，具備一點工作的能力，以便找到職業或藉此肯定自己。很多義工，前來教電腦。再來，我們立刻投身地下室的廚房和餐廳區，開始了要供應下午四時至黃昏五時卅分的晚餐準備工作。我們分組頭戴網帽，雙手穿戴塑膠手套，把多隻整隻火雞肉，分塊用手剝成細條肉，收集起來交給廚師。時間一到，男男女女顧客列隊湧進，我們準時供應他們晚餐。我和幾位男女同學，負責打菜給無家可歸又窮困前來吃飯的遊民。在食物區內，我們手忙腳亂不停息的打些主菜給手持自助餐盤魚貫進入用餐區的人潮：菜單內容有火雞肉、煮南瓜、馬鈴薯泥配著肉汁、麵包、三片薄蛋餅。火雞肉用盡，熱狗上場；南瓜用完了，改上生菜沙拉。肩膀隱隱痠痛，自上次閃到腰肩，迄今尚未痊癒。今又手不停的挾撿火雞肉片，以致更加負荷不了。我換工作，改為負責將薄蛋餅擺放在遊民手中餐盤裏，以減輕肩部的不適。我們像極了工廠生產線的工人們，各職其守，忙把空的餐盤裝滿晚餐食物，供人享用。忙昏頭一段時間後，才想到偷閒地環視週圍同學們在做些什麼工作？兩位面帶微笑的女同學，站立入口處發送小紙杯；有人持壺巡場為食客倒水服務；有人在垃圾桶旁，接收使用過的餐盤，一一把碎骨或殘留的食物紙屑，一併倒入桶內。待集到一定的數量後，再將疊疊在一堆沉重的餐具，送回廚房清洗；又有同學在抹地等。由於前來捧場佳賓太踴躍，我們服務的任何一個小環節，都處於高度緊張、緊湊的氣氛裏。兩校的學生們同時也聽到一些抱怨諸如：「麵包硬的像石頭一樣！」「我又不是素食主義者，多給我一點肉！」「酸麵包還敢拿給我們吃，真丟臉！」「你們怎麼沒有飯後甜點？」同學們服務的工作項目雖不同，偷閒看到他們每人臉龐上，無不流露出「施比受更有福」自然的笑容，與令人敬佩不已的專注模樣。頃刻間，意識到，他們是美麗的人類。

一個星期天的早晨，我們坐旅行車去Monterey市參觀水族館。每人睜大雙眼，觀賞水族館內展出的各種海洋生物。它是一個五彩繽紛水的世界，清涼的天地。有秩序逐區移動欣賞的遊客，倘若夢遊在水晶的夢境裏。外海是一大片無垠的藍藍海域。初看，無任何不同及變化。只要深入海中，就會感覺到溫暖的海流和寒冷的海流；有些地區幾近不毛之地，有些，則充斥著無數生命的生物。急速的游魚和海中優雅的漂流物，共有擁有這片廣闊的海域。銀鯧和光澤溜滑的鯖魚，不慌不忙的在海水中游移；透明體的水母，隨著海流漂流、浮沈、旅行；海中生物的世界，是無牆界、無處可遁。游速飛快的太平洋鯖魚，終身不休止的在藍海中游啊游的，毫不嫌累。有大有小有美不勝收外型的浮游生物，不像魚類一樣會游泳，但微小身輕的他們，一搭上海流，就逐流浪跡天涯，諸如磷蝦、幼蟹、水母和單細胞植物。尤其，有著柔軟且透明身體的水母，沒有骨骼或堅硬的外殼，極容易被海流一帶就走；在水族館前或看影片，有些浮沈優美的水母，還會發光！看著他們，如同走進一個夢幻迷離世界，四週都是活生生飄移的寶石呈現，使人迷戀不已！想像一下深海中的景象，可以是：一群鮪魚快速擦身游過、沙魚衝破一大群鯷魚聚游一塊形成如球狀的魚群，真似一個炸彈開花的圖像！又風暴鞭抽著海浪所引起的滾滾泡沫。海中亦有不少體大強壯的如沙魚、海豚、鯨魚等。無邊無際青藍的海水，亦是鮪魚、太陽魚、沙魚穿梭玩耍之地。又成百成千的鵜鶘，會群飛至此地海灣，冬季一到，卻南飛至墨西哥、南加州築巢。海洋對人類生存，有極大的影響。漁撈過度與污染，均會導致海洋生態遭嚴重的破壞。海洋被保護後，報答人類的是健康的生命及能欣賞到讚嘆的奇觀與美。另外，有趣的是，善長潛入海中覓食，不需呼吸四至五分鐘之久的海獺，可知用石塊撬開海中有殼的生物，吃其中的肉。

夜間十一點四十七分，在宿舍附近院落天井間做睡前散步。折回時，在Hilgard庭院中，看到八位史大暑修男女學生，在月下院中的兩張合併起來的長條野餐木桌椅邊，坐將起來，開派對。音響拿出室外的院中，放著音樂。人人喜悅難掩的持著紅葡萄酒杯淺嚐、又高談闊論。微涼無風舒適的夏夜，不需破費太多，在月光下、幾盞院中的路燈旁，享受著人生。

在户外日光下樹下木桌上用早餐、中餐或晚餐，常常發生的情況是，有鳥兒在一旁看著你，或在你腳跟左右蹦蹦跳跳；更有蜜蜂會飛停降落在你的白色磁盤中逗留，大大方方和你爭盤中食，有多少時候，揮也揮不走！

一九九六年的夏季奧運會，在美國喬治亞州的亞特蘭大市舉行。不久，奧運公園內發生有人刻意引爆傷人的爆炸事件。

美國環球航空從紐約飛往巴黎的七四七飛機，在飛離紐約國際機場不久，就爆炸發生空難。

浸浴在加州優勝美地國家公園的荒野夜晚，那兒神秘、深藏的夜山，如此的流暢、生動、美妙與完全。

一九九六年的夏日，一個午後，埋首於史丹福大學胡佛東亞圖書館內，讀到一篇林式同先生談已逝作家張愛玲的報導文章。他認為她離群索居，最後還是一個人冷冷清清地走了！幾個月後的一個秋日的下午，在加拿大愛伯特大學圖書館二樓期刊室，手捧讀「寂寞的滋味」一文作，作者想到：沒有寂寞，就沒有張愛玲；又張愛玲的成就，就是從寂寞的滋味中生長起來的。我一直很想問，是不是千百人，就有千百種與寂寞相處的方式？

綠色的肺

詫異，多年來在加州灣區的山景城及Palo Alto城市，不論是散步或騎腳踏車，為什麼我常常嗅到一股清淡、芬芳的天然樹香？他們是屬於什麼品種的樹木？

山景城，是因為二姐一家長年居住於此；Palo Alto城，是國際聞名學府史丹福大學美麗校園的所在地。

當年在中西部求學時，一逢暑假，只要有閒有錢，我大都會從中西部的印州，飛到山景城來探望二姐。

來到她家，待上一個月左右探親度假的時間裏，白天她上班，我則天天從山景城騎單車，左折右彎來到El Camino Real路上，直奔史丹福校園，在那看風景、吃優格、默想發呆，要不就在胡佛東亞圖書館裏看看書報雜誌。

那時，騎著單車的一路上，史丹福廣闊優美的校園裏，及黃昏入夜時在山景城住宅區內漫步時，我都會清爽舒適的淺聞到日漸熟悉、來自樹木清新的淡淡幽香。

夏日的加州，屬於乾旱的季節。察覺，層疊的山巒，大抵是枯乾的土黃一片，要不然了不起僅有小片的綠意點綴於山坡或山頂上。私人庭院除外，處處的漫草也是帶著乾枯的表情。只有四處知名、不知名的棵棵大小、高矮、粗細的樹木，是葱翠的一往情深。

今年的夏天，我和來自台灣新竹的學生們一起居住、生活在史丹福的校園內約有一個月之久。同學們來此修習暑假三學分「美國語言文化」的課程，我基本上，則是扮演著伴讀書僮及打雜的角色。

校方安排我住在研究生宿舍區Escondido內的Hulme大樓的4D公寓房間。

只要黃昏或夜晚沒事時，我經常會在校園區內的宿舍區及其附近散步或騎車運動。

一個仲夏的黃昏，又是那股散發著怡人的樹香撲鼻迎面。

驀地，我想到可以怎麼做了！

第二天一早，直奔策劃、主辦此次暑假課程教學與行政的單位VIA（Volunteers in Asia）的辦公室內求救解惑。

「我去過及住過不少滿有綠樹社區或學校的美加一帶，為什麼加州這兒的大Palo Alto行政區的行道樹及史丹福校園內，總是瀰漫著陣陣屬於樹香的甜美氣息？你們到底種了些什麼樹？」開門見山，省卻不少客套，一見到總裁的行政助理克里夫，我就直接了當的問了這麼一個問題。

他驚訝我如此的問題並笑著看著我：

「對不起，我對植物的種類、特性這類的知識，一竅不通！」

「那麼我可以向誰請教？某位史丹福植物系的教授或懂園藝的專業職員可詢問？我對此真的很有興趣起來了！」我迫不及待的期望有貴人相助。

「你等一下，我想我現在就可以幫你打個電話問問看，是否可找到合適的人來解答你的疑問！」講求行政高效率的克里夫，事不疑遲，當機立斷，當著我的面，快速的翻找校內教職員電話簿，不多時，就搖起電話來，抓人救急。

幾通電話後，克里夫終於抬起頭，滿意的給我一個交代：

「我找到了，並替你約好！這個星期五上午十點，到本校園藝組找一位方赫伯（Herb Fong）先生，他答應為你回答一些關於本校史丹福植樹的問題！」

滿懷感激的道謝後，方安心快樂的離去。

我終於將藏於心底數年的迷惑——史丹福大學到底種植那些綠樹，以致校園常帶沾些淡淡幽香的謎底，即快揭開它神秘的面紗了！

那天是星期二的上午。

隔了一、兩天，星期四的中餐時，VIA辦公室主任愛麗絲轉來克里夫的字條，上面提醒我，見方赫伯先生之前，得先收集好樹木的樣本，以便鑑定、解說之依據。

星期四的下午因有個和學生們一起參與的活動，於是直到晚餐後約黃昏六時卅分許，才空閒下來。

加州的夏日陽光，要到夜晚八時五十分左右才會夜暮低垂。下午六時卅分仍是個白晝的景象。我這才開始踩著我的黑色帥氣十足的單車，在校園內不同的角落，包括宿舍區附近，依自己主觀的判斷，哪些樹會沁出香氣，熱情的採集著不同形狀的樹葉、樹枝、樹花、樹果或奇特的樹皮，一一先後聚收於勾掛在腳踏車左側的鐵籃架裏。

當鐵架裏裏外外盈塞著枝枝葉葉，再也裝不下時，我決定第一回合結束。騎回宿舍，看會兒電視及吃喝片刻後，再次出沒於校園內，志氣高昂的採折植物的樣本。

那時候，再次踏著單車在人車稀少的校內尋尋覓覓時，月光已是輕柔的傾瀉於大地。

路燈下及月光下的樹影搖曳，我有時可以輕鬆的攀折；有時則只好摸黑的瞎摘一通了！

第二天也就是星期五的上午，我抱著一籃林林總總的植物及抓著一大紙袋的綠樹樣本，準時赴約。

攤在園藝室方赫伯先生辦公室旁的會議廳內的長會議桌上，不禁喜見我昨日自己在夕陽、月光下來回奔波的成果。

園藝系畢業的方先生，耐心的一一回答我準備好或現場臨時又想出來的問題外，並不時拿出專業英文辭典告訴我，或秀給我看史丹福大學內所種植的一些英文樹名、樹種是如何正確拼寫，以求資訊精準無誤。

方先生還說台灣和加州都面臨海洋，加州種植成功的樹木，台灣也一定可以種植。大陸上南京、蘇州等城市成功的綠化是他目睹的。之外，在舊金山金門大橋公園內有座Strybing植物園，裏面主要展有標示來自全世界的樹木及少部分灌木、地被。在柏克萊大學，也有一個植物園，但有較多的花卉、灌木、地被，另亦展出世界上不同種類的樹木。北加州兩處植物園，方先生建議我可就近參訪。

忙著問問題、聽解答、做筆記，口到、手到、耳到及心到，不亦樂乎！

請益於赫伯後的幾天內，我也勤奔至史丹福大學的生物圖書館，儘量翻閱相關資料，擷取關於樹木的知識與故事。

史丹福大學校園內樹香飄飄，是因為他們種植不少能沁散出清香之氣的綠色植物，今僅以學習所知有限的品種介紹如下：

(一)女貞

常綠大灌木或小喬木的女貞別名冬青、楨木、蠟樹、鼠梓木等。

在我住的公寓附近，就有不少這類的綠樹。屬於橄欖科的光澤且醒目的女貞，在Palo Alto市區內，被大量栽植為街樹，如大學路上。又近史丹福紀念教堂進門處附近，也有它的蹤影。

每年早春時節，正是它藍黑漿果成熟的時候。夏天，呈圓錐花序的小白花盛開，花期七月。

㈡絡石

另一種會散發香味的是夾竹桃科，別名星星茉莉、石鮻、白花騰、爬牆虎、鹿角草的絡石。它是常綠纏繞性木本。初夏時，其葉腋或枝梢都會開著芳香迷人的白花。

㈢木蘭科

赫伯在一桌花葉枝柄中，點出了兩種香味不是很濃烈，但均清淡送香同屬木蘭科的植物。

一是在台灣島內也常見到，而原產於美國東南部常綠喬木，別稱泰山木或荷花玉蘭的洋玉蘭。

開放著盃形芳香的白花。這種樹可以成長到二十五米高，五至八米寬。它的不凋葉為卵圓形、長橢圓形，其葉性堅韌，葉長八至十六厘米長，五至九厘米寬。

至於花開時節，洋玉蘭肉質的花瓣呈鵝黃色，形成二十五厘米寬盃狀的花冠。

荷花玉蘭開花一整夏。

秋天劈開的莢果能看到紅色的種籽。泰山木的樹皮可用做藥物以來對抗寄生蟲及風濕病。

一是Magnolia Soulangiana。它可生長至六至七米的高度，耐寒性強。鈴狀外紫內白的花，在日本野生不少。此樹貴重在於它花開的美麗，葉未長出來前，光禿的樹枝時，它就先開放著卵圓或長卵圓型的花。

(四)巴西胡椒木

此常綠灌木或小喬木，別稱為巴西乳香的巴西胡椒木，事實上，在南美地區，常被植為行道樹。

原產秘魯。可長至十至十五米的高度。

史丹福校園內各處可見巴西胡椒木的樹影。

樹枝呈懸垂柔韌狀，瘦長葉身，互生性，可多至二十五片複葉奇數羽狀齒狀的小細葉。

本雌雄異株，開著悅目綠黃色圓錐花序的花，生於枝頂或枝梢的葉腋。

入秋時，會長出成串下垂玫瑰紅般的小核果，一直持續到冬季。

重要的是樹木體內的每個部分都會散發出一種濃冽獨特的芳香樹脂，尤其是將葉片揉碎再嗅聞或用手在樹皮上摩擦時，最為幽香難忘。

整棵樹有如真胡椒般含有豐富的易揮發的香精油。

由於耐熱與耐乾，於是溫和沿海氣候地區，亦是非常適合其生長的地方。

(五)雪松

當方赫伯先生手拿著常綠喬木帶有初期淡青藍色卵形毬果的枝葉時，說明此為史丹福校園內所種和松科有關的雪松。據說，毬果後來會變為紅橘色。

雪松別稱香柏或喜馬拉雅杉。此類樹木可長至五十五米高，樹幹竟亦可達三米的高大長綠雪樹，原產於地中海及喜馬拉雅兩地區。

基本上，雪松包括大西洋雪松、短葉雪松、喜馬拉雅雪松和黎巴嫩雪松。

喜馬拉雅雪松和其他三樹種不同的是它優雅低垂的樹枝，另外是它低垂呈長型螺旋狀鉛條嫩枝。

小樹的葉子有著銀白的色調。

緊密橢圓的毬果挺立，直到至少兩年後的時光，才會破裂開來。

含松節油的雪松在亞洲的印度，是一種重要的原木樹。在印度，雪松被大量用來做建築及鐵路軌枕之用。然而，在其他的國家，它們也被種植來當做裝飾樹或優美的庭園樹。

㈥桉樹

聞嗅及感覺起來，都有一種令人舒暢、愉悅無比檸檬似的氣味的益樹是膠樹，即多花紫樹、膠皮糖香樹、樹膠桉、楓香樹。

被子植物的常綠喬木、罕有灌木的桉樹有三種：大喬木赤桉樹、紅花桉樹和藍桉。

花可白色、黃色或紅色。

赫伯繼續説道此樹有時聞起來卻有點樟腦的味道。校園角落種植了不少藍桉樹。

多年前，印度、紐西蘭、美國加州都植有藍桉。這些地區國家不少的居民，愛把藍桉當做他們當地的代表樹。

其實，藍桉在地球上生長的最自然愜意的地方是位於澳大利亞東南部的塔斯馬尼亞島和在南維多利亞的一個小半島上。

藍桉樹可成長至四十米或更高的高度，奇怪有趣的是它的樹皮總是長帶狀的脱落，露出銀灰色或藍灰粉面的粗大樹幹表皮，叫人看了，總是有著滄桑、凋零之感。

仔細觀察，其發育的嫩葉是圓形、無柄和對生的。然而，當它們長大成熟時則驚奇的變為矛尖狀、有柄和互生。芳香的樹香不斷的散放著。

藍桉樹花是單生的。看著及捧摸著截頭式角錐狀的花萼及由四片花瓣連在一起的蓋子，甚為有趣、好看。

據說，秋天和春天翩臨校園時，正是藍桉樹的開花期。繁華落盡則是成熟呈尖角帽狀盛著不少小種籽的蒴果。

灰白原木的藍桉可被用做化學纖維素或一般建築工程之材料及被製成紙漿。

當我採集藍桉的樣本時，將單車平放土地上，跳採枝葉時，順便撫摸著樹皮，難以想像，其樹皮摸起來格外平滑。

只要冬天不是太嚴寒，桉樹就可以長得理直氣壯。

(七)非洲百子蓮

原產地非洲。花季時節會在校園裏綻放著白、藍、紫不同顏色的花。

非洲百子蓮屬於百合科的非洲百蓮，別稱尼羅河百合。方赫伯先生回憶著說，記憶中此樹的平均高度不同，有二十四至三十英寸高的，也有僅十二英寸的個頭兒。

(八)平苔

長絲狀的莖，小枝為羽狀排列的。

可愛的平苔小蒴帶些少數的毛。

加州是其原產地，又別稱聖卡塔利娜島鐵木的平苔小樹，有著狀似羊齒植物的葉。

夏日時，大串小白花至為顯目。平苔的每個果實約四分之一英寸大且含有兩對種籽的木質蒴果。

(九)海桐

園藝專家赫伯在長會議桌上，指著下一個植物樣本，立即脫口說出別名七里香的海桐。

他說它聞起來的味道，有點像柑橘科。

本品樹似桐而黃白有刺。

在紐西蘭和澳洲，可捉捕到它的身影。中國、日本兩地也種植不少常綠性的植物。

成串的花兒，分泌出如蜂蜜般的甜美香氣，令人難忘、陶醉不已。

海桐的種籽嵌入在長橢圓形木質蒴果內的黏的分泌物。其萼片、花瓣和雄蕊各五枚。

人們常將海桐樹植為庭園樹。

校園內，在Galvez街和Meyer圖書館東邊和北邊，都有海桐迷人的蹤跡。又在鐘樓邊的求職中心北面，可看到六英寸高色彩斑駁的海桐。

另外，同一樹種，莖高兩公尺許，開著白花，有芳香味且為常綠灌木的島海桐花，亦是史丹福校區內的植樹之一。

㈩澳大利亞異葉瓶木

方先生叫它瓶樹，因為樹幹底部儼然狀似一個瓶子。澳洲土著語稱為Kurrajong。它的韌皮纖維可用做織網、織蓆之用。

理所當然的，顧名思義，澳洲人愛種異葉瓶木。畢竟，在乾旱地區，它可提供蔭涼和隱蔽的功用之外，在旱季時，它可被砍切為供牛羊馬食用的粗飼料。

異葉瓶木的種籽發育快速，然而在收集它們時，要小心其刺毛。

生得標致、優雅的瓶樹，不難在Serra街的南邊，Lasuen街、Escondido路上Wilbur Hall的北面入口處等地和它們撞遇。

㈩一珊瑚棘桐

灌木或小喬木，開放著緋紅色的花。

說得更精細一點，事實上，花的色度濃淡深淺多變：從橘紅色或淺橘紅色的珊瑚紅到深紅或淡紫紅的胭脂紅。

此種品樹有著亮綠的葉子，修長的葉柄帶著些刺。

㈩膠皮糖香樹

高達四公尺餘，原產地為美國。

膠皮糖香樹的芳香天然樹脂，已被用來做口香糖、菸草、香水等用途。在十八世紀的英國，膠皮糖香樹也被用為醫藥之用。

揉碎一片葉片，回饋你的是一陣醉人的香氣。

從Florence大學生宿舍區的Moore Hall到Tresidder Union小徑上，你一定會見到它們的。

㈢松科植物

精神抖擻、熱心解惑的赫伯同時又說明，史丹福校區內會不時瀰漫著清香之氣，是因為他們也種植不少加州和俄勒岡州南部產的紅杉木、茉莉、木蘭（如洋玉蘭、栽培於庭園間小喬木的重華辛夷）、八十五種不同品種的桉樹外，加上松科植物如加那利島松、犁刀松、日本赤松、阿勒頗（敘利亞西北部城市）松、傑夫瑞松、權木植物的高山松、主教松、奧地利黑松、墨西哥松、傘松（原產於地中海，種籽可食，稱為松子，常用在糖果糕餅的製造上）、美國黃松木、放射松（別名蒙達利松）、歐洲赤松（又叫蘇格蘭松，樹幹修長呈紅色）、迪格爾松和高可約為三十公尺的日本黑松。

(十四)柑橘植物

不可遺漏的是校園內的柑橘屬果樹：檸檬樹、橙樹、圓金柑（矮小灌木，果肉內有甜味或強烈撲鼻的香味）、來母(有甜與酸味兩種)、橘柚、葡萄柚（可刺激食慾，含豐富的維生素）、柑橘、文旦柚、椪柑、柑樹、甜橙、香檸檬樹、酸橙樹、香橙等，從它們的果皮中可壓出香精油，且都可做為香水和甜酒之用。

其中，香橙的花與果都富有十足的香味。香橙可蒸餾用來做在香水調製業非常寶貴的苦橙花油。

另一種名為Petitgrain的香精油，是將香橙果樹的葉與小枝蒸餾後取得，令人意想不到吧?!

據聞，柑橘屬植物及果實，其含香精油的小囊分佈在果皮、葉子和花等各部分。

(十五)棕櫚大道

一進史丹福校園的大門，迎面而來的就是一條視野寬闊、美麗的棕櫚大道。道路一直會將你的視線引至前方大橢圓形的綠草皮，及莊嚴、雄偉、協調、美觀的紀念教堂的建築物。

棕櫚大道兩旁所栽種的棕櫚樹是從加那利島移來的棗椰樹。棗椰樹的葉子結構像羽狀，而非像華盛頓椰樹的扇狀。

至於葉柄短小，以致從外觀不易被察覺出來。走近仔細觀察，將會看到葉柄上的肥刺。約四分之三英寸長的海棗果是不可食的。

當棗椰樹這類棕櫚科植物成長為高壯、巨樹時，他們還是可以被移植他處，繼續存在活著。例如一九八一年，棕櫚大道上一度因故損失了不少棵樹，校方沒有補植棗椰幼樹，然而卻以Channing街五三二號的五十英尺高品樹成樹取代。

別處不用準備棄置的老棕櫚樹，大都會被校方收留，如有兩棵以前植在 Palo Alto市，就曾被移植在史丹福校內。

除此之外，在廣大的校園內，也種植些其他棕櫚的植物如：在Escondido 路及Branner Hall的東邊末端的Pindo棕櫚樹、紀念教堂進口處及Mayfield路及Santa Fe路上的皇后棕櫚樹、瓜達盧佩棕櫚樹（一九〇〇年從Baja運來的）、莖高九至十公尺的蒲葵、棕櫚和華盛頓椰樹。

㈥植物的生態

由於好奇，鍥而不捨的學習態度被挑勾起來。不但約談方赫伯先生，又抽空埋首於史丹福大學生物圖書館內，我對植物界的綠色世界有了更廣深的觸媒與更深一層的了解與喜愛。

原先，只認為花卉植物才會開花，今夏在史丹福停留的日子裏，見識到不少會開花的高大綠樹。這時，才勾起我在台灣對綠樹的經驗與回憶：大棵的鳳凰木、風城的相思樹、芬芳的玉蘭花樹不也都是會隨著季節的更換，適時盛開著艷橘紅或白色的花嗎？

植物學家Simon和Schuster清楚的將樹劃分為棕櫚樹、闊葉樹、果樹、針葉樹及有經濟價值的樹（如香檸檬樹、樟屬的肉桂樹、咖啡樹、橡膠樹、長葉松和栓皮櫟）外，另一類即是會開花的樹：如開著黃色香花有莢果的橡皮脂樹；常綠木本杉葉榴、別稱石楂、子樹或羊梅的四照花樹；屬夾竹桃科落葉喬木的緬梔及非洲毛里求斯島、印度和澳洲均大量栽種落葉小喬木，別稱白蝴蝶的大花田菁。

也是今夏，我開始學會研究、觀賞及關心植物的生態：它的樹幹、根、細枝、芽接、葉、花、果、種籽、樹膠、樹脂；另和植物生態相關如樹木的水平或垂直的自然分佈、氣候情形、樹木選擇位置和土壤的特性等知識，無不引起我莫大的興趣。

可以理解的，多種植綠色的樹，對人類萬物而言是有益的。

多呼吸綠樹所製造釋放出清新甜美的空氣，讓我們有個健康綠色的肺。

畢竟，樹的葉子有基部、葉柄和葉片三部分，是生命的源頭之一。樹葉在地球上扮演著一個奇妙的製造工廠，是營養、食物鏈首要的環節。樹葉吸收太陽能，並將其轉化為複雜有機物，為食草動物、食肉動物及人類的食物。

使樹品繁衍不絕的是種籽。針葉樹的種籽長在毬果鱗苞之間。

所有的樹林、林地會散發一股怡人的氣味，每種樹木有不同成分的天然樹脂、香精油和生物鹼。又花粉囊利用以上三種物質達到授精功用。

Arolla松有天然樹脂的香氣，土耳其橡樹帶有丹寧的氣味，而樟腦樹當然沾著樟腦的氣味。

樹木的精髓是木質部。樹幹的結構逐年加寬，以執行它支持供養葉、花、果的功能。

陸地移動運動、氣候的改變和植物相互調適生存的系統，也就構成了生態系統。

㈦美麗新世界

根據樹木栽培家威廉派克先生一九七二年的統計，加州史丹福大學校園區內種植有兩萬七千五百五十八棵樹。

同時，史丹福大學園藝家方赫伯亦舉出這些生長在校區的樹木，代表了五十種以上的樹科，一百二十種以上的樹類及三百種以上的樹種。

樹種的原產地地理出處，涵蓋了三分之一的北美和受早期從美國東部和中西部定居加州居民影響，外加歐洲、中東、北非、澳洲、遠東及南美、中美、紐西蘭及非洲。

史丹福校區和任何住宅區居民相比，史丹福可以傲人的說，它擁有最繁茂的綠樹！

一般而言，國內校園景觀之規劃和史丹福大學一比較，大都有待加強、努力的地方不少。

我誠摯夢想台灣的大學校區和各城市、鄉村，以史丹福為參考藍本，校方和人民有植樹及培養出認識、欣賞四季不同樹木所展現萬種風情的智慧，多多栽植綠色的樹木。

考慮合適的品樹，考量植樹的高度分佈區，不同樹種的各自分佈區，土壤、濕度、地形地勢等自然情況及各樹種的喜愛特性；樹木對環境的適應性；樹木的耐力；用種籽或籽苗繁殖及其繁殖的習慣及方法為何。

期盼有那麼一天，除了放眼過去，一片怡人的綠海、綠色隧道，並邀來了鳥語花香和蛙鼓蟬鳴外，更能為拯救地球盡一分心力，因為燃燒油氣產生的二氣化碳，有些可被植物吸收。專家指出植物和海洋均扮有控制溫室效應之功能。

期待台灣島上的人們都能呼吸著高品質的清新空氣，將台灣島推向不但是一個現代科技島，更是一個綠色的寶島。又令世人羡慕的是島上勤勞、友善的人民，都能擁有一個綠色健康的肺哩！

期望島內因大量種植綠樹而散發陣陣清新的香氣，處處無不飽含豐豐富富預防百病、幫助呼吸系統及肺活機能、增進血液循環和心臟活力的芬多精。

另就心靈而言，樹木更滋養、洗滌了人們的靈魂。

日前，賞鳥人士曾指出賞鳥是一種休閒，更是一種思考——是一種改變價值觀的觸媒！其實，個人認為欣賞滿眼的綠樹，又何嘗不是如此呢？

前人種樹，後人乘涼。

植樹的人是上帝的僕人。他們的慈愛，後代子孫都會受益、感激與懷念！

夏日的音樂野宴

七月日，戶外流暢變幻無窮的空間，似聽仙樂旋律般的曲曲樂章，猶赴快樂歡宴的人影，將史丹福大學年度「仲夏莫札特節慶」，交互編纏成校園內迷人的夏日風情。

露天劇場「Frost Amphitheater」是聚集了觀眾、遊人、音樂和室外自然的天與光之所在地。它東西植有蒼翠茂盛的樹木，左右種有挺秀繁茂的佳木，中間一大片，是廣闊高低傾斜有致微斜的青草坡地。

野外的芳草，吐泌出陣陣迎人的馨香。

音樂會演奏前一個小時，我們已經魚貫進入沒有任何椅位，不分區域，只是遼闊無阻有如廣大一片秀麗無比綠色地毯的會場。

音樂台上，樂師們看著樂譜上的音符，轉軸撥絃三兩聲以調諧樂音之時，僅是聽聞稀落的樂語，就早已是「未成曲調先有情」！

絡繹進入劇場的男女老幼，分頭在樹蔭下或天空下挑選中意的地點後，先後有率性的伸其雙足，席地而坐，或披草而坐。

四望，不論一家人扶老攜幼還是親暱的情侶們，都會在綠草地上，舖著草蓆或毛毯或豎立起摺椅。隨身不忘帶著野餐竹籃、冰桶、紅白葡萄酒瓶、玻璃酒杯、紙盤及塑膠叉匙，夾雜陳列於蓆毯上，準備就緒後，享受著自備的食物，痛快地傾壺淺酌美酒一番。

大學有名的地標，胡佛塔在望。

我在一個燈柱下，用其圓型水泥底盤，充當暫時的座位了。場內絕對禁止吸煙。

人們不停的湧進這了無煙塵，全然綠色天地的桃花源，且愈聚愈多！

演奏台兩側，高高吊掛兩面大幅的星條國旗。

紅色、白色、紫色、綠色的彩球，離地不高之處，懸空右左下上輕浮款動。

人人自求多福的自成一區，心中無不漲滿著期待的躍動。

老伴們在小徑旁的碎石子地面，舖上毛毯，脫下鞋，毫無束縛優哉地閱讀報紙，口裏也沒閒著大啖零食，靜待開演時刻。

小孩子天真地吹著肥皂泡沫圈圈，晶瑩輕巧的泡泡，在陽光下飄遊復破滅！

人聲熱鬧，人影鑽動，但一點也不覺得喧囂。

七點卅五分，掌聲響起。

鼓聲強而有力地敲起活潑振奮的曲目，它是當地國的國歌。群眾起立，自然地隨調唱著國歌。曲落時，觀眾又是熱情的鼓掌。

接下來，就是安靜聆聽曼妙音符的跳躍流動。

夕陽無限好！

樹間的鳥鳴啁啾。更有趣的，但見眼前劃空振翅的飛鳥數隻，隨著地上音樂家們所演奏的音律，有規律地拍動雙翅，自在飛翔！

這下子，我隨想到，劇場四週有耳可聽，有眼可觀的非人類生物，是否在這一天白日將盡的薄暮時分，意外的和坐滿千人的會眾，一起靜賞莫札特、海頓或韓德爾再現的仙曲?!

當天的演奏會，愉悅的莫札特第二十八號交響樂，被省略掉了！

橫笛、雙簧管的協奏曲和管弦樂，拉開序曲。在這一組的曲目裏，可感受各個獨奏者無不盡力的去表現音樂中的生命與熱情，企望能無礙地投影在聽眾的心田。似乎，橫笛的吹奏，更為出色！在稍快的最後一個樂章，每位演奏者成功地賣力創造、烘托出一個歡鬧作樂、興奮無比的樂感與氣氛！

接著，海頓交響樂第九十四號的曲目，就小提琴部分的音色而言，不是完美的合調，又整個樂曲的感覺，也像是少了點幽默，但不管怎麼樣，音樂家們毫不鬆懈謹慎地演奏著。

總言之，上半場的演奏，雖有點保守，不是那麼的全然開放，但總括的來說，台上台下盡歡，自不在話下。

演奏會當中，左下方有位男士，安躺在柏油道旁自鋪白色的毛毯上，脫鞋蹺腳，一面耳聽音樂，一面平和舒適的手捧著小說，看得入神。

右上方，另有一位男士，坐在自己帶來的白色摺椅上，右手抓搔著癢，左手亦正拿著一本書，聚精會神的閱讀劃線。

當第一個曲子結束，四旁響起掌聲時，右下方的那位男士，仍一直目不斜視的盯著書，但是不會忘記用另一隻手輕拍大腿，以迎合週圍傳來的掌聲。他的伴侶，則躺著翻閱報紙。這我才領會到，户外現場古典音樂演奏會，不單可以觀賞，也可以用做「純聽」的背景音樂。

全場鴉雀無聲，屏息享受之際，又見偶爾左右觀望，忽遇不遠處友人的目光時，他們彼此還不忘隔著數道人牆，無言揮手，熱忱微笑地打著招呼！

之外，輕快的曲調，影響場內一些男女小妹們，跑跑跳跳的更輕盈快樂！

八點十八分，中場休息。

人們站起活動筋骨，或站立仰天遠望，或四處走動。

天色尚未全暗，枝葉間，卻見下弦月清掛！

趁機，我啃了一枚青梨。

有一位女士，上台宣佈，音樂會結束時，會有一場施放煙火的節目。

八點五十分，第二場的節目上場。

再次奏鳴擴散的妙曲，又一次碰觸屬於那心地最柔軟、浪漫、想像力無阻的部分。

猛抬頭，八點五十四分，槭樹林間的下弦月，悄然更趨明亮光輝，此時，夜幕也已悄悄低垂！是時，已是藍天隱去，白雲退去。

驚喜的，經過中場休息後，樂團猶如注入了一股新的釋放活潑的生命，他們將莫札特的優雅及飽含抒情詩體般的樂音，詮釋的絲絲入扣。鋼琴音色變換之演奏部分，尤其令人讚賞不絕！

夜空下，幸好未有流動的風。有不少人在椅旁、毛毯邊點著蠟燭圓球，或在玻璃或銅製的燭檯上，點著蠟燭暈光。燭火閃爍出豐富不已的情調。

暗夜裏，也有隨著旋律，婆娑起舞的情深伉儷。

九點三十分左右，全部曲目演奏完畢，又是一陣掌聲雷動。

緊跟著，是施放煙火的熱鬧表現。

在加奏耳熟能詳的進行曲中，夜空上每一炸開乍現的火樹銀花，每每贏得歡聲雷動！

心中雖猶不欲歸，然而為了避開不久後可預見的擁擠人潮，我先行離開現場。幾分鐘後，站在尚無人跡的場外，四週無人，唯獨自一人仰望天空中正接二連三上演的快速變化、如夢如幻的燦爛與傳奇，它們好像是為我一個人在全力演出，頓時，深覺自己是如此的奢侈，豪華和富有。

待學生們及暑期班的工作人員都到齊後，我們才再三三兩兩漫步交談著，踏上來時路，一路上滿足歸去。

可想而知，遊人散去後，還原本色的露天劇場及其四週，最最雀躍的，當屬棲息其間的禽鳥吧！

人約黃昏

師生職員及行李都上了車。

夏日近午，兩輛大巴士把我們從氣候溫和、自然環境美佳的優勝美地國家公園，一路蜿蜒山區，飽覽滿眼翠松柏林；下了山，在加州北上平坦的公路上急駛。沿途領教了Oakdale市午後氣溫高達攝氏卅九度襲人的熱浪，車內的冷氣，開了等於沒開。

離舊金山六十英里左右的公路風光，則猶進入了另一片天地與景像。當時，坐在熱悶的巴士第一排座位上，口中吸吮著漢堡大王的大杯冰可樂，圖點涼意，又眼睛直視遠山枯乾山脈綿延，和公路中央看似無盡頭的安全島內渴乾的草皮。

除了藍天及柏油馬路，放眼盡是難以置信的枯黃！

一

半島公司巴士，終於將我們載至舊金山市區。

將行李又拖又拉搬進近臨中國城的假日旅館廿層高的二〇一一房間，居高臨下，霧起、霧橋、海灣、點點白帆、人車街道、大廈屋宇全收眼底。

有別於風和日麗下的姿影，這座北加州臨海城市，煞有另一種淒美、迷麗的風韻。

史丹福大學主辦單位，已在中國城內的「湖南又一村」川菜餐廳，訂下晚間七時卅分的晚宴。

一看錶，離晚餐時間尚有三個小時。

兩校的學生們結伴邀夥三三兩兩、輕鬆愉快的心情，趁明日回台灣之前，掌握良機，好好的再度品味舊金山的傳奇與風情！

二

五點三十五分，我站在唐人街的Grant及California兩街的交叉口，等待綠燈通行。

沒有一定的目標與方向，只是隨著人潮漫無目的地走走停停，任它蹉跎，消磨時間。

市區觀光聞名的電纜車，噹噹噹優雅緩慢的在California大街上，徐行下坡。

倏然想起，我可以到街坡下路底的灣區捷運（Bart）地下車站，希圖在小張每日下班搭捷運回家的途中，驚奇的，將他逮個正著，看他驚訝的表情，向他打個招呼及問候妻小一番，不也是深富意外與趣味，讓各居隔著太平洋東西兩地的雙方，有個在加州見面另一種不一樣的方式？

三

俐落的一個左轉，繼續走著。目睹下班期間交通巔峰、人多車擠北加州大城繁忙的世塵街景。

聽似急促不安的救火車，呼嘯擦身而過。

深怕錯過，卯足了勁，倉皇疾步的穿越六條街口，再拾階急步衝下位於地下室的舊金山市捷運車站的入口處。

迎面有左右各三座收票機，以接納兩邊蜂擁傾瀉而下的旅客。

男男女女行色匆忙，但魚貫有序的插入票卡，進站搭車。

多年前，和小張從另一頭入站口搭車回他們坐落於Fremont小市鎮溫暖的家。

小張他今天依舊會遵循那時的路線返家？還是會選擇我如今站立引頸等待的另一頭入站口進站？兩頭中間以矮柵為界，視野可以巡視遍及兩邊排山倒海蹦跳進候車站的洶湧人潮。

我不停地忙著看人，也讓人看！

同時，一方面伶俐機靈的左顧右盼，以防漏網錯失的小張。另一方面，不忘偶爾參考、探視混雜著各色人種，或衣冠楚楚紳士淑女上班族，或身著簡衣便鞋平常百姓的各式衣裝、行頭的款式搭配，又他們手提多樣的公事包與難測的神情。

見有套穿休閒裝，拿著大型海報的年輕人，有穿戴安全帽肩扛單車入站的少年人，還有戴墨鏡風姿綽約而過的酷女郎。

兩眼，當然，不鬆懈的跳換緊迫盯著湧來的千百張面孔，欲盼在他們中間，找到久違的小張。

四

五年前，趁著暑假未開學的空檔，飛去北美數處訪友敘舊！其中停留數日的一站，即是定居在北加州小張妻小舒適溫馨的居處。

那時候，上班的那些天數，我和自信穩健年輕有為的前室友，作伴乘捷運來去三藩市。我會遊覽市街名勝直到下班時刻，主客兩人相約在Bart站會面，再一起回到主人的家。

一年前，小張攜家帶眷回台探親之際，第二天，一家四口盛情從台北坐巴士來新竹看我。

兩次的見面相聚，除了憶昔在校的麟爪掠影，彼此亦不忘輕鬆寫意的閒話近年來居家生活、平日心得的點滴感想，享受著浮生片刻，彌足珍貴。

五

今日，在捷運站內好萊塢電影海報和舊金山巴蕾舞團大型廣告板之間，憶往思潮益濃，眼前愈加巴望能守株待兔，和小張來個意外驚喜的不期而遇，豈不妙哉！

倘若果真遇著，我會解釋未在史丹福校區停留期間登門拜訪，實因帶隊老師的責任在身，難以脫身之便與束縛，待他日再專程赴約歡聚。

倚欄杆，歷經一小時多，搜尋又找尋，期待復期待，一番心願奇想，終是難圓！赴約當然是和人約定在先，我方才卻心血來潮，不按常理出牌的在未知情的友人下班的歸途，堵他，和他有約。

最初，計劃未果，鬱悶沈寂的心難免！

由地下一樓車站，踏乘自動升降扶梯離去，重返地面上花花繽紛世界。善惡、美醜、貧富、冷酷溫情並存，另華燈將初上的舊金山市區。

重回街道，轉念間，卻也帶著些許滿足，那是因為，雖看似殘缺的，但不覺鎩羽落空，反倒像似注入了對一樁心事畢竟心意到了的踏實心情，走向「湖南又一村」！

回首來時的足印，自忖，對友情未曾辜負！

雕塑家的沈思

數不清多少次，行色匆忙的在史丹福大學校園中，路過或騎單車飛馳而過坐落於教育學院與J. Henry Meyer紀念圖書館間，一片廣場綠草皮中央，法國名雕塑家羅丹（August Rodin，一八四〇—一九一七）銅塑作品「沈思者」。

好奇時，頂多眼光快速游移那尊一個人陷於沈思、寧靜的圖像與意境。是在法國巴黎羅丹博物館的庭院中，首次瞻仰沈思者風采之際，即被羅丹的構圖、力度、肌肉處理之高超雕塑技巧，並其所表現出憂鬱、深沈的氣質所感動與懾服，令人共鳴不已與餘味無窮。

史丹福的七月，一個寧靜的午后，騎著腳踏車無事輕閑的正晃過在色拉街上，近胡佛塔的史丹福大學美術館時，靈機一動，臨時決定，跨下鐵馬，悠然神往地欲進入館內，一瞧究竟。

入口處的小書店櫃台附近，抽取一份說明書。

得知每星期三、六、日的下午二時，在美術館前，有講解員領隊參觀校園內羅丹公園的活動；每個月第一個星期天的下午二時，則有導遊帶領，漫步遊賞於史丹福校園內各個雕塑間。

法國大師羅丹的「地獄之門」及其他多數作品，有些被放置於離美術博物館不遠的B. Gerald Cantor羅丹公園內。

校園他處，有利用多種不同的創作材料，所呈現溯自十九世紀末至現代不同象徵形象，或抽象意涵的雕塑品。

校內美術博物館所派任的講解員，將會帶領有興趣八人一組的學生、民眾，徒步或騎單車兩種方式，免費講解件件雕塑品製成的背景及其意義。

一般而言，一趟或走或騎下來，約一個半小時。

遮陽帽與一雙舒適的球鞋，是明智的行頭。

風雨無阻。在冬天的月份裏，要心理準備，極可能在雨中進行參觀的活動。

此一信手拈來的文藝資訊，無名的好奇心與挖掘寶藏的企圖心被激起。

進而隨手拿取一張户外雕塑品指南和標示各個雕塑品位置的地圖，好好探尋散落於校園內，廿六處展示雕塑品的地點。計有以青銅、石頭、大理石、土泥、不銹鋼、鋼板、銅板、花崗石、鋁、木頭等不同材質所雕刻或雕塑的五十五件作品。

羅丹的曠世鉅作「沈思者」（The Thinker），是史丹福大學校園內所陳列羅丹其二十一件戶外雕塑品之一。實際上，令人不可思議的是，大學據稱擁有一百五十件羅丹的精心傑作，號稱是法國巴黎境外，持有羅丹最多作品的地方。

經由美術館職員的介紹、推薦，當場即刻撥個電話給講解員Judy，表示樂意報名參加徒步參觀團的活動。對方也慨然回應歡迎之意。但終竟陰錯陽差、時間調配未順，僅落得在離開史丹福校園前三天的七月下旬時，才獨自巡視大學一週，尋覓不同雕塑雕刻之伊人芳蹤。

只要有空暇，頭戴小圓帽，腳踏著單車，按圖找址。

在不同空檔時段，或迎著晨曦，或頭頂烈日，又或披著落日霞光，馬不停蹄的東西穿梭、南北奔波、左右搜尋。

忙著拍照坐落於紀念教堂前四合院落的草地上、樹蔭下、公園內、學生宿舍院落內、醫學院附近、餐廳旁、人行道邊、樹林深處的尊尊件件雕刻或雕塑的身影，試著體會藝術家們的人文涵義、內在的生命與精神。

㈠羅丹的雕塑

當我決定開始去拜訪廣大校園內，一件件雕塑品或雕刻品時，這才意識到校內竟有三處是展覽羅丹的作品。

第一處，是在史丹福紀念教堂前Main Quad四方庭院內，「法國加來港的市民」

的四座男性人物銅塑像（Burghers of Calais）。包括露半肩，左手拿著大鑰匙的市民；有健壯肌肉的左手伸至與頭齊高，左肩上身著戰袍和披帶著繩結，赤著雙腳的男士；有長髮衣整，但兩手一攤，表現出無奈的表情之公民及身穿看似教士道袍，左手拿著大鑰匙，雙唇緊閉，面帶嚴肅表情的男人。

這些具有緩緩流動感的人物雕塑，是羅丹在一八八九年創作的。

這些人物代表著在十四世紀時，法國加來港的市民奉獻他們寶貴的生命於英王，希望結束加來港被敵人包圍的危境。

羅丹將傳統為紀念陣亡戰士所建造紀念碑的形式，轉換為施予人性，塑出高貴情操、栩栩如生的英雄人物。

每尊人物，無不顯露著雕塑大師戲劇式的表現這些人質們對命運的反應。每位無名英雄的愛國情操，均被藝術家深深所敬仰。

就作品的整體表現來講，其雕塑技巧、設計造型與無奈、莊嚴等動作神態上，均很細膩、生活化的西洋式的寫生。

冥冥中，感受到藝術家潛意識裏，像是要表達什麼。他本身，也想來參予一件極富意義的事件、活動。

第二處的羅丹作品，是「沈思者」。它被聳立在紅瓦頂、土黃色系的建築物Meyer紀念圖書館前，一小長方型的綠色草皮中央。一八八〇年原塑，後於一九〇二至一九〇四年間，將塑像加大。

另在羅斯街和羅密它路交接處的一塊角落，為羅丹雕塑花園。

在藍天下、綠欉蔭裏，展示著約廿件青銅作品，更包括製作於一八八〇至一九〇〇年的鉅作「地獄之門」(The Gates of Hell)。

這座佔地適中的花園，於一九八五年五月底獻贈給史丹福大學的。

嫣紫、白紫、藍紫、黃色的點點花蕊，添加上爬地的矮柏花床，亦點綴其間。

花園的東西南方位，熱鬧的展示著高立巨大的地獄之門，「加來港市民」及局部人物青銅塑像，或對藝術家紀念事蹟和讚辭之記載。

憂鬱的人頭，瘦削的臉龐，難掩的是有思想、有智慧的人；地獄之門前的亞當、夏娃兩人的原始肌肉線條足夠，構思難得，其和雕塑整體、地面色系搭配甚為調和。又胸肌、骨頭、肋骨、手、腳被塑造出來的感覺，顯出結實肉感與骨感。

不得不喜歎，西洋花園造景，摻入藝術家的人物塑像作品，與景觀之間相互協調共存。此點，與中國典型的庭園設計中的假山、假水、庭院、樓閣稍異，那是由於中國人用地形、地物來塑造景觀。西洋的景，雖偶有人工化，但經過藝術家把它藝術化後，反而產生一種協和美感。

花園裏各座青銅塑像，都攤在陽光照耀之下。

羅丹烙出人性真實的一面，且其所雕塑的人物姿態，變化多端：有男有女，有全身、半身、穿衣、裸體、立姿、安坐、跪姿、躺臥、無頭、無手、無腳、斷肩、閉目、炯眼有神的張目、眼目輕闔、嘴微張、雙唇緊閉、有勻柔的女性肌膚、結實有力屬於陽剛男性的胸肌、腿肌、還有無奈的表情或流露剛毅、自信的神情等。

園中的青銅人物有被放置在地面、被擺設在凌空高處或離地面中距離的高度。

談到「地獄之門」大手筆的雕塑，它是藝術上及生活上不朽的作品。它向世人傳達藝術家，對裝飾藝術的理想與追求。它說明羅丹創作了一項雕塑建築美學，藝術家反應出地獄之門的建築與光線、周圍的空間及雕塑彼此之間的交互作用。

該作品的意義，在於它闡釋羅丹伸廣了傳統的裝飾雕刻的類例；不僅看見米開蘭基羅意味深長的裝飾雕刻，更沾有哥德式大教堂的風采韻味。

「地獄之門」，是現代裝飾藝術大膽且熱情的表徵。它兼具古代化身為人類與獸類的熱情奔放神話人物，並中古世紀命運諷諭的人物。他們的涵義及一些不貞、背叛、家庭毀滅等主題，使人不得不聯想起義大利詩人但丁所描述遊地獄史詩般的旅程。

門上所雕塑出不同受折磨的人物之藝術理念，像是系出於大教堂內的最後的審判、米開蘭基羅、Flanders的畫家Rubens（一五七七—一六四〇）和浪漫詩人所描寫地獄世界的詩篇。

羅丹時期的當代人們，一睹「地獄之門」作品時，他們如同看到自己及他們那個時代不安的精神。總的來說，它是述說著生活及人們的故事。

法國雕塑大師的地獄理念，是詩意而非神學的。「地獄之門」，代表一種富詩意的人性；而「加來港的市民」此一系列作品，卻透露著羅丹以現實主義的角度來看人性。「地獄之門」這件不朽之作品，是現代藝術中所表現出一種揉和著過去與現在，又混雜著社會與個人痛苦之詩意盎然的綜合體。

就歷史價值而言，「地獄之門」被評價為，發揮人類無限想像力的偉大作品之一。再來，至於展現出強而有勁肉體造型的「沈思者」塑像，它具體化了雨果和羅丹一心想成為工人—詩人—藝術家的自我表像及智者與勇士的理想。

「沈思者」，輕易地喚醒十九世紀詩人們，想起如希臘神話傳說人物伊卡爾斯（Icarus）—（以蠟製翼高飛空中，蠟為太陽熱所融，致墜海而死），與普羅美修士—（由天庭盜火給人類，而被天神Zeus綑綁於Caucasus山上岩石，讓老鷹啄食他的肝臟）的自我意象。

「沈思者」表明了緊張與平靜的雙重情況。緊張是從雙腳表現出來，然而，他的雙手卻是鬆弛放寬的。他雙重的處境，可解釋為與詩人的心相爭，並介入實體與外表和理想與現實之間的兩極對立。換言之，羅丹成功的藉由洗鍊的外形雕塑，呈現人生。

沈思者被視為藝術家或詩人。他獨自奮鬥，以一種超然的態度，冷靜地去運用智能，另一方面，他的環境背景和肉體緊張狀態，隱示著他對性愛的敏感及他被渴望在藝術境界中，尋找那難求的靈感不著，而狂躁不安以致瘋狂。他用沈思、專注全神內省的姿態，俯視著我們，更邀觀者，進入自己的內心世界以自省。

法國藝術大師羅丹，不僅是位傑出的觀察家與幻想家，他更是一位浪漫的寫實主義者，兼寫實的浪漫主義者。

㈡青銅雕

我迎著晨風，頂著艷陽，追著落日，在史丹福大學校園內，仔細搜索戶外雕刻或雕塑藝術品時，發現，過半數，均為青銅雕。

在商學院研究所大樓的正前方，有座Dimitri Hadzi於一九八二年所完成巨高的作品「Pillars of Hercules Ⅲ」，似要表達希臘神話中大力士Hercules之柱，要不然就是直布羅陀海峽兩岸之巨岩。如果說，羅丹的創作以表情豐富、精細著稱，那麼Hadzi的風格，頗似我國當代雕刻家朱銘太極、人間系列某些作品的特質：大開大盍、筆觸揮灑自由、線條明朗、渾沌初開，感應到一種大自然界裏樸拙表現的方式，不求修飾的美，但充滿藝術家個人的風味。

青銅雕中，有兩位法國人的作品。

一是François Stahly於一九六一年出品的「火鳥」（Les Oiseaux Flammes），一是命名為「鳥」（Oiseau）一九七三年Joan Mirō的藝術品。

前者，位於商學院研究所及Memorial Hall間之中庭。作品整體而言，像是有多隻火鳥糾結在一起，所產生的實體視覺效果。後者，坐落Nathan Cummings藝術大樓進門前的左側。用紅磚舖成的八個階梯，走下即是一片紅磚地的小廣場，廣場的中央即為藝品被放置的位置。其背景是藝術大樓的紅瓦屋頂，再近處，為高過三樓建築物高低不同、綠色深淺老嫩不同的樹梢，及龐然聳入藍天白雲的史丹福大學的地標——胡佛塔。

在前述藝術大樓的正門左壁上有Arnaldo Pomodoro看似電腦ＩＣ板或山地藝品的「Three—Panel Bas—Relief」（一九六七年）。此三片畫板淺浮雕青銅創作，佔據牆面不少的位置，令人印象深刻。

未進藝術大樓，人行樹道旁的三叉口，欣見Henry Moore抽象的青銅作品「拱門」（一九六二—六三），自覺上，主觀認為他的線條、弧度表現，令人喜愛，不過朱銘的力道感，亦是令人印象深刻。

Green圖書總館東側的草坪上有Jack Zajac於一九七六年，完成兩件併在一起展出的户外抽象青銅雕刻「Big Ram Skull and Horn」。他們像大公羊的頭蓋骨和角嗎？我自問。四週，右有楊柳垂絲外，兩棵長型小葉綠樹下，有木條固定連接起來的雙排，面對面的桌椅；前方植著矮小綠欉、藍花、青草的小圓環內，亦有兩張長椅，供人休息、沈靜、對話之用。

西方傳說中，頭和身似馬、後腿似牡鹿、尾似獅、前額中有一螺旋狀獨角的「獨角獸」，是前述法國藝術家François Stahly的另一個戶外青銅雕品之名。當初在探找這件作品時，按著地圖找到大學的教師俱樂部，滿頭大汗，東張西望，納悶英姿煥發、身高體壯的獨角獸何在？前後左右看不出什麼名堂，寶物何處？出乎意外，它竟在俱樂部白色木門紅磚牆邊，一個水泥台柱上小件袖珍的作品而已！

對於數分鐘前，尋找過程中，寄望過高及大費周章的覓找大雕像的情景，不禁莞爾！「獨角獸」的確是一件表達抽象意境的雕塑！它乍看，還真宛如自然生長、造型自然的枯樹根。經人工製造的虛擬自然感覺，和大自然原本的感觸有異，終歸，人工不管再如何的修飾，還是少了那一分靈性！或許這就是大自然界奇妙之所在吧！

無心插柳，在捉摸「獨角獸」的路途中，臨近教師俱樂部西側，巧遇優美的Kingscote花園。園內綠色天地裏，擺著一張漆成白色的鐵桌和鐵椅，彷彿邀請過客任何時間，都可踏跳進去沈思、發愣片刻。

美國的Mildred Andrews基金會，將George Segal漆上白色的青銅雕塑「同性戀的解放」(一九八一年)，陳列在大學中西方位一角。塑像約常人的尺寸、高度，有一長髮與一短髮兩位女性，閒坐在長凳上，彼此的左右手相接觸。另兩位站立的男士，一搭肩一雙手插入褲袋對談狀。史丹福大學對大膽的同性戀題材，攤鋪在陽光之下。

一九八四年Willen de Kooning抽象青銅雕品「Standing Figure」(站立的人)，

約有兩個人高的高度，要雙手伸開量兩次半，才抱得住它的寬度。一個變型體的作品，被安放在醫學院前臨街空曠的草地上，供來往的車輛、行人瞻望、欣賞。

曾創作先前提到的三塊畫板淺浮雕的青銅雕之外，Arnaldo Pomodoro在一九六四至一九六七年間的另一件青銅作品，是安置在富羅馬建築風格的史丹福博物館，四根大圓柱正門前的「立方體塊」（Cube）。那一年夏天，博物館正在整修，週邊圍著鐵絲網，把青銅雕品隔絕於參觀者之外。只得遠望，不得近觀。

整個立方體塊，六面均被雕刻的有如電腦IC板。立即給予人一種現代、新潮感。

如果說，羅丹的人體雕塑，可追溯至古典常存的藝術性，Pomodoro的「立方體塊」，卻有充滿現代感的藝術性。

(三)石雕

一九九二年企管碩士畢業生，決定送給母校史丹福大學的禮物，是六塊平放、散落在 Littlefield 管理中心前庭院中的石塊，石雕家 J. B. Blunk 一九九三年完成「Six Stones」。

庭院一隅中，中間是個帽狀圓石，周圍有四個不規則圓形的坐石，及一大張長型石椅塊。

那天參觀時，適時有三男三女坐在户外石塊上，開著會討論社區、學生、演講等話題。看起來，滿有大自然的舒適感。

(四)大理石雕

美術館和色拉街（Serra）之間一片高大松林綠蓋下，有一個狀似西洋戰士的帽子，或一隻乳白色吐舌的貝殼雕刻「Retrofutée」，它是一九六九年Antoine Poncet的創作。

在這兒，一隻全黑的松鼠，在樹幹下輕鋪零碎枯葉的黃土地上，跑來跑去。一隻後半身及尾部為灰藍色的鳥，棲息枝頭。

美術館石階上及矮牆處，觀看兩隻黑及一隻棕灰的松鼠們，正在熱烈搶食著先前人們留下數粒帶殼的花生。他們津津有味的用手靈巧的撥開花生殼，再用手將花生粒送入嘴中，不停的嚼食。眼珠精靈的滾動，有時，三兩步的又跑開了一會兒！

這時，我坐在這座乳白色夾雜些黑的點、線或一小片的大理石雕像上，細看，它有四葉螺旋片。

陽光穿入細細索索的葉間，灑落在身上，坐在大理石上，冰涼舒適。

這片小天地裏，有被日曬雨淋的泛淺棕色、無光澤的木椅。一旁胡佛塔前噴泉圓池，所傳來清脆清明的水濺聲，聲聲入耳。

令人流連。

大學校園內另一處户外大理石雕作品，William Couper 的 Mausoleum Sphinxes（古埃及人頭獅身陵墓），是騎著單車，從棕櫚大道彎進一片樹林裏時，所發掘到的。

西洋古代三角頂、圓柱、方柱的陵寢建築，大理石表面，是滑順無比，而如守護神般的古埃及人頭獅身雕像的大理石表面，卻是略為粗糙的觸感。

大理石雕刻的藝術氣息，加上西洋建築之風格，所釋放出豐富、有型、線條、整體結構形態，有種莊嚴靜肅的美。

這陵墓，是安葬史丹福大學創辦人夫婦及其愛子的地方。

(五)土雕

曾經遇到，也曾好奇地摸過，然而，有著那麼一天再親身經過你費時苦苦要找的户外雕刻品，而不知它就是它，還一直問不少路人，他們包括史丹福大學的學生及來史丹福僅作短暫停留，來自紐西蘭、英國的年輕男女訪客。更令人拍案叫絕，竟連本校生，都說不知道的作品，是一九九三年John Roloff的土雕Fragment: The Hidden sea (Island of Refuge)——「避難島」。

在新研究生宿舍區Rains Houses內，第一眼看到它，你會很容易認為，它是一棵百年千年巨樹的橫切面，它又像小山丘狀的岩壁。

待確定後，介於Willis院和Harris院中間的這件不甚起眼、差點引發誤會的藝術品，才將它瞧個詳細。

正面像個有稜角，向兩邊由高往低的迷你山丘，右側面，像是千年棕色片層的年輪，漸隱入地表。背面是空心，藝術家巧思奇想的填土、種花植草，高低層次坡地狀，連成一氣。種植的是，八棵開著小粉白花的花樹。

原本幾朵大片烏雲的天空，不經意間，轉為暖陽探頭。亭亭綠樹開著串串紫藍色的花，鳥鳴此起彼落，車聲，輕風也將檸檬樹的清香，飄送到鼻尖。

回程時，近Harris院的大門，聽到樹中有急促聲大的沙沙作響。一探究竟，原來是一隻黑色的松鼠，在兩排每排有四棵不高但茂密，又樹與樹間的相連枝葉，它愉快恣意的在半空中、綠傘枝葉間跳躍、玩耍所引起的聲響。

㈥不銹鋼雕

不銹鋼可作餐具，它也可以被用作雕像的一種材質。

位於史丹福書局北側的小圓環草地上，就放著Kenneth Snelson一九八二年的不銹鋼創作「Mozart」（莫札特）。

錯綜圓滾直線的粗線條，用細鋼絲上下左右來柔化線條結構，藝術家捕捉指揮棒舞動來去，全新的抽象概念，顯得活潑有趣。

校園內第二處不銹鋼雕，是 Kresge 禮堂前草皮中，一座 Bruce Beasley 名為「Vanguard」（先驅者）的巨型作品。「先驅者」在陽光照耀下，亮光閃閃！其三角結構穩當，面的造型亦佳，有種蜻蜓點水之妙。

(七)著色刷上油漆的鋼板雕

法學院前的紅磚地廣場上，豎立著 Alexander Calder 以鋼板為材質所雕成的「The Falcon」（獵鷹或隼鳥）。其線條簡單優美，比例與透視勻稱，充分表達出抽象意遠的雕刻語言。

(八)花崗石雕

Tresidder Union活動中心後側，擺著不少露天的木桌木椅於陽光下或樹蔭下。每天，時常來回經過這數次，從未注意到，在左面一棵樹下，陳列一座體積不大Beniamino Bufano的「Shadows of the Future」（未來的陰影）花崗石雕像。

相信不少師生遊人，或在户外用餐人士，和我一樣不知情，一座石雕品就在身旁不顯眼處。

兩個平滑無五官的人物，被雕刻連體在一起，一種生命共同體的聯想，油然而生。其弧形線條，令人舒服。

黑色比利時花崗石所做的台架，架著灰白雕刻品，黑白相間，顏色的趣味性無窮。

(九)鋁雕

史丹福大學醫學院一位醫學大夫Henry Seymour Kaplan，不幸於一九八四年去世，當時享年六十六歲。

為了追念他，醫學大夫的朋友們、同事們及曾受惠披澤的病人們，別出心裁的捐贈一座抽象意念極濃的鋁雕，由Jacques Lipchitz所創作名為「Song of the Vowels」（元音之歌），置於醫學中心面臨Pasteur大道的草皮上，獻上無限懷念、追悼之意。

(十)木雕

一九九四年深秋，史丹福校園的户外雕像多了一處展示區，那就是位於Santa Teresa和Lomita兩條路附近的新幾內亞木刻區。

一九九五年仲夏，看到數件高立如樹幹的上面，雕刻著帶有濃厚原始風味，以人物、動物、圖騰及神話典故為主題的木雕。

矮胖的幾件石雕亦放置其間。

由於仍正整理、設計規劃中，要真正的供眾欣賞，可能還要等待至九六年吧！

㈩混合雕

善用、大膽使用不同的材質，所呈現的雕像，亦是少數藝術家所喜愛的表現手法之一。

一九九五年夏天，當我們師生在史丹福校園內生活時，我常會來到位於書局正門前，有噴泉噴落的「懷特紀念噴泉」小廣場，坐坐看景或玩玩池中的水以消暑。

雕刻家Aristides Demetrios在一九六四年間，即用青銅和銅所製作呈青銅粉藍綠色的噴泉雕像，它的形狀有如蒼勁的古柏，流暢的線條，花俏的造型，有如東方優雅的插花流派造型，或飛舞的仙女綵帶。

校園西邊，史丹福紀念教堂外圍的一綠圓環草皮上，有一面巨長的「史丹福牆」的雕刻品。它用磚、鋼板和花崗石所創作出來的鉅作。

大片的牆面，將綠草圓環一劈為二：一面牆，是黑色的底，刻有四組白色的幾何線條；另一面牆，則以全白色為底面，平面上刻有淡棕黑色、呈規律、多條的幾何線條。

它像極了一座大屏風，配上四週的自然景觀及屋宇，卻也相當協調不唐突。

另外，在史丹福家族陵墓處再往北行，一條小徑引領著你來到用黑色鐵欄杆圍圈起來，一座以石頭和大理石所雕刻成的「悲傷的天使」戶外雕像。藝術家William Wetmore Story將方方正正，結構性採硬線條的壇石，添加上身附一對翅膀的白色天使。天使低伏壇面，掩面哀痛。天使的身體及其拖地長翅的線條，除了柔和了整個構圖、強烈傳達了哀傷之情，更凸顯出雕刻家在該作品中所表現出的力道，還有豐豐富富流暢的成就。

(十二)神雕

史丹福大學校園內的雕塑外，大自然的鬼斧神功，更是令人嘖嘖稱奇！優勝美地國家公園（Yosemite），為美國加州中部風景奇幽的山區。它首先在一八六四年被保留為州立公園地，不久，再加上其他的週遭山區，於一八九〇年，擴充為一個國家公園。

根據地質學家所言，約一億三千萬年前，早期一些平行且延伸至西北、東南方的低山脊區，即為今隆起為高聳多岩石的內華達山脈（The Sierra Nevada Range）。此山脈包含有七十六萬一千三百廿英畝，包括Merced河的優勝美地山谷，其更以擁有三千年樹齡的巨紅杉和峰頂聞名世界。

山脊被一些緩緩蜿蜒的河川水道切過，其中一條就是如今的Merced河。溪流從這些低山脊間的山谷流過，匯集流入河川。

經過數百萬年，遼闊的地面，漸漸的被上升隆起及往西傾斜。沿著地殼薄弱的界線，它的東稜上升高於海平面一萬四千英尺。當坡地變得更陡直，Merced和其他西流的河川水流，則加速形成急湍。

在岩石間流竄的激流，切割峽谷成V字型。

徐緩流速的支流，繼續向前奔流，也可形成白沫飛濺的小瀑布。

一百萬年前約新生代第四紀的大冰河時代，這整個地區內的高山和山谷，聚集了大量的雪和冰。

冰河從高地及沿著山谷，緩慢移動。它們從山谷邊，劃裂巨大的岩塊，龐然的冰河在擴寬縱深的過程中，磨光谷地和斜坡。一當氣候變得溫和，冰河終也消逝，留下幾乎呈垂直矗立、光滑無比的優勝美地及Hetch Hetchy山谷U字型的槽谷。

從斜坡山谷上，流水自由自在的在可愛的瀑布輕快滑落。

優勝美地山谷中最後一大片冰河，在El Capitan山腳下，留下一個冰磧，由岩石堆積而起的水壩。形成一個深為兩千英尺、長為五・五英里的湖泊。自此後的數千年，湖中凹盆地，經年累月納集了淤泥、沙礫和石塊等，終致今日的平坦山谷平地。

在國家公園的高地，許多大小湖泊安靜臥躺在早年由於移動的冰層，所鑿成的槽谷。

在優勝美地山谷，可以看到垂直陡峭的岩壁、優勝美地瀑布和巨大的圓丘及視野壯觀遼闊的山巔。另一令人驚嘆之景，為從山谷平地隆起三千六百零四英尺的El Capitan花崗岩山壁。

在優勝美地山谷和一些高地所現形的岩壁，大都是在地層深處，受著高熱和強力擠壓所形成的花崗岩。在此一地區所發現大量且多樣的花崗石圓丘穹丘，是世界各地所罕見，而它們是一部分由於地質上的剝落過程，一部分是由於冰河的運動所致。

遺留人間的人文與自然的雕刻，輕易地擄獲了人類心靈的共鳴與感動。而自然界的不朽神雕，更是令人屏息，及愈顯人類的渺小與有限。

(十三)

國內一位收藏家，就曾明白地指出，雕塑藝術不似繪畫，僅有一面性，它不但有三個面可以欣賞，它更具備了量感、可觸摸感受作品的質感，及其形體材質所蘊散出的能量。

在全美大學中，東岸的麻省理工學院的校園中，如化工館前、地球科學館前或庭園內出現有「透明的水平」、「大帆」、「摩爾的臥像」等雕塑品；在紐約州的康奈爾大學強森美術館三樓的雕塑陽台展示區，無不以廣袤、清麗、寬闊的校園景致，做為雕塑品的自然背景。

西岸的加州史丹福大學，多處生活在陽光或星空下的雕塑藝術品户外展示區，更是展現出獨樹一幟、深披濃厚人文涵養的大學校園。

史丹福校園內蘊藏有機生命的雕塑世界，不但引人樂於遊走其間，另提供了足以觸發人們心靈、表達、美真與潛能的另一種新觸媒。

如何才是一本經典的書

演員李立群，有一次在深夜的有線電視節目中，侃侃談到自己閱讀的書籍之類型之內容。

身為讀者的他坦言，他會選購展讀那些「有系統介紹某一種知識」的書。

四年前，在一本當月的出版雜誌中，唸到一篇有關如何才是一本暢銷書的短文。其中作者點出，一本在市場上暢銷的書，簡言之，它兼備了當前熱門的話題、文字易懂，加上幽默筆觸等等。

今年七月，在史丹福大學書局內瀏覽群書，打發時間之際，看到介紹紐約公共圖書館，精選本世紀影響深遠的一百五十本經典著作的介紹小冊子。冊內，並告知顧客，如需書單及這些傳世之作是為何及如何被青睞相中，書店裏有牛津出版所製作的「世紀之書」(Books of the Century)，下列書單僅為一小部分，略供參考。

James Baldwin, The Fire Next Time, 1963

Ray Bradbury, Fahrenheit, 451, 1953

Rachel Carson, Silent Spring, 1962

W.E.B. Dubois, The Souls of Black Folk, 1903

Ralph Ellison, Invisible Man, 1952

Milton Friedman, Theory of Consumption Function, 1957

Jaroslav Hasek, The Good Soldier Schweik, 1920–23

Adolf Hitler, Mein Kampf, 1925–26

James Joyce, Ulysses, 1922

Rudyard Kipling, Kim, 1901

Timothy Leary, The Politics of Ecstasy, 1968

Doris Lessing, Golden Notebook, 1962

C.S. Lewis, The Lion, the Witch and the Wardrobe, 1950

Ken Kesey, One Flew over the Cuckoo's Nest, 1962

Ed Krol, The Whole Internet User's Guide and Catalog, 1992

Rigoberta Menchu, I, Rigoberta Menchu, 1983

George Orwell, Nineteen Eighty Four, 1949

Erich Maria Remarque, All Quiet on the Western Front, 1929

Jean Paul Sartre, Being and Nothingness, 1943
Dr. Seuss, Cat in the Hat, 1957
Betty Smith, A Tree Grows in Brooklyn, 1943
Smoking and Health (The Surgeon General's Report), 1964
Bram Stoker, Dracula, 1897
J.R.R. Tolkien, The Hobbit, 1937
James Watson, The Double Helix, 1968
Virginia Woolf, To the Lighthouse, 1927

就構成一部傳世不墜的經典著作的特色為何而論，根據史丹福大學宗教研究學哲學系的教授Philip J. Ivanhoe的觀點，第一個特徵，就是該著述深切探討一些重要的事情。

換言之，其內容涵括對人類生活有著深奧意義、深遠影響與無比重要的議題。

早期西方希臘的經典著作「柏拉圖的共和國」為例，柏拉圖大膽嘗試的去草圖一個根基紮實的社會。依據人類的本性，他們必須住在某種理想的社會裏。而如何從多樣性現行的抑或可能實行的社會當中，去選擇合適的一個，另在分類系統性的排列中，考量哪一種社會較無可訾議，加上它是該如何精準地架構起來，這些都是人類發展史上，一項非常重要的課題：現今與未來的時空裏，都是一個非常要緊的一件大事。

東方中國古代的經典之作「孟子」一書，為另一實例。正如柏拉圖，孟子相信人原本為社會性的動物，而他們所發展出來形形色色的社會面貌之中，唯有藉由協力合作，人民接受及被一些行為準則所指引，方能有效的運轉且生存下來。

然而，不同於柏拉圖，孟子確信彼此間合作的可能性，唯建立在人們開發出一種共有，對善與關懷此一認同的行為能力。

這種能力，引領孟子發展出一套對人性的一種驚人及廣受影響的理論。

孟子主張「人性本善」是人類最顯著的特徵之一。我們對受苦難的人所流露出的惻隱之心，是我們的本性。

此外，孟子聲稱，如果我們明曉及注意這些感性，我們就能增強此高尚的情操，進而蛻變成另一種更好的自我；在和諧、繁榮的社會裏，走出成功之道，尋到莫大的滿足。

經典著作的第二個特質，是作者以一種優美、感動和令人難忘的筆調描寫、呈現所欲表達的重點。

柏拉圖寫作中，對寓言的運用、從蒙暗的幻覺升提至燦亮的真實等技巧，成功的將重要的理念注入讀者的思緒裏，激發他們，吸引及導引他們進入更深一層的省思中。

相同地，「孟子」一書充滿了儒家無窮盡的特色，諸如強力的說服力、鼓舞的人心和複雜的意象。孟子提到「揠苗助長」的例子，農人不但殘害了幼苗，更因農作歉收的影響，而將自己的家境陷於危急之中。

孟子警惕我們，當我們立志去培養品格修養時，千萬以這愚蠢的農夫為戒。我們不可急迫的寄望我們內在善良一面的道德修養，能一夕間萌芽長大。我們必須要成為一位具有耐心及決心的農夫，不斷地在漸近、穩定的環境中求發展。正如其他智慧的形式，道德的修養歷程，不是輕省快捷的，它得靠長期不斷滴點累積而成！

如此令人鼓舞與引人動心的意象安排，正說明為什麼，兩千多年以來，「孟子」一書激發了一個浩大、豐富與深刻有趣的解說傳奇。

形象具體，情思真切，為第一流作品之要件之一。另想起中國古詞家賀鑄（一〇五二——一一二五）作「橫塘路青玉案」一首，詞中寫到「若問閒情都幾許？」之際，他用具體形容來表示抽象的悲傷閒愁之情。賀鑄以新奇，兼與中有比的「一川煙草，滿城風絮，梅子黃時雨」三者來比喻愁多，其焉有不令讀者餘味無窮之理?!

僅有這種能精心巧妙地將多方面的象喻，編織成一個有理解力的想像空間之本質，才能激勵、挑戰讀者，及使他們參與作者的心靈活動。

經典之作的最後一個特徵，為其錯綜複雜的性質。那是因為作者用一種謹慎、精密及包羅廣泛的精神，來處理困難重重的論點。因此，這些沈悶非娛樂消遣性質的著作，較不易立即看得懂。這些作品需嚴謹、一而再的態度來加以精讀，如此方能對作者要表達的思想，才會有較深刻的理解。

良好的書籍，不必採用直接易懂的方式來教育它的讀者；讀者就算不同意著述者某些斷然的理念，亦可從閱讀的過程中，受益良多。

史丹福大學的這位教授以為，一位讀者可以反對柏拉圖對於如何組織一個國家的提議；他或她甚至可以認為柏拉圖的意念，在某些程度上，冒犯了他們。又對孟子的人性的看法，也或許有人會認為是錯誤的、不圓熟的或含有潛意識的危險，這些都是可以接受的。

只要讀者對作者所提繁雜的議題，忠實的去熟慮清楚、應答作者所提的問題及找尋自己的答案，如此，就能對自己或所處的社會，有著更深一層的瞭解。

立言之道，貴在採其實，識其大。

清人潘耒（一六四六——一七〇八）曾言：「若夫雕琢辭章，綴輯故實，或高談而不根，或勦說而無當，淺深不同，同為俗學而已矣。」但又道：「學博而識精，理到而辭達」方為佳作也！

卷二：我就是那隻中世紀的鳥

雪鄉

愕然的在辦公室信箱內，看到當時人在紐約攻讀戲劇博士學位的一位同事寄來的傳真信函。

信中大致說明，要我能為她於一個多星期後，也就是聖誕夜的前一天，去台北和平東路的師大，代她出席英美文學研討會，並宣讀她的論文「流離的記憶與遺忘」。

我答應了。

四天後，她又從紐約傳真給我。這次，信中的內容不外乎客氣的感謝我適時的拔刀相助，順道，也幫我提示她論文的重點頁數。在簡短函件的中段，不多的一句話兩行字，深深地吸引住我，會心一笑，然後思潮起伏良久。她題外的寫道：

「這個禮拜風雪頻繁，我正在期待窗外的一場暴風雪。」

好一個「正在期待」窗外的一場暴風雪!!

我好像有種終於遇到知音般的欣慰，久久不散。

從有記憶以來，一直畏懼排斥有冰雪的冬日。直到遠赴四季分明的他鄉，長住了好一段時日後，我被迫習慣了下雪或路面結冰的日子。又在一段不算短的歲月流過之後，更甚至，主動地愛上了飄降很多雪花雪片的冬於不墜，即使曾頻頻在冬日的早晨，辛苦的用雪鏟清雪，殺出一條像樣的路徑，以期將車駛出車庫。

痴情它的紛紛。

喜愛春榮，同樣的，也鍾情歲寒。陽春與白雪。

冬雪，和春風、夏雨、秋陽一樣，也成為生活中的至愛之一。

「你最懷念美國什麼?」當我人在新竹時，曾有人如此問我。

毫不遲疑猶豫的回答：

「冬天的雪！」

記得那時，多少子夜時分，眾人皆睡我獨醒，漫無目的的在飛雪中散步，是我樂此不疲的獨處方式之一。哪怕是無雪花輕飄漫飛的夜裏，還是愛踩在冰雪路面上，悠然閒逛。

有一次，不急不忙平和地走在雪中。奇怪，總覺得有汽車打著前燈尾隨不捨。猜想，駕駛人本著行人優先，不好魯莽超越的好意；但是，我從三十秒鐘前的感激，轉換成三十秒鐘後的不耐，皺眉心中嘀咕著：

「討厭！快點開過去，把寧靜還給我！」

不禁回頭，一看，竟是校警的警車。

坐在駕駛座旁的另一位警察，搖下車窗探頭問：

「你還好吧？」

簡單的手勢，示意他們我沒事。

警車這才加速超前而去。

又有一次，凌晨時分的雪地漫遊，震驚地看到不遠處，我都熟悉的東方男女成年學生，一位是有婦之夫，一位是有夫之婦，兩人親熱地手牽手迎面走來。在他們尚未注意到我的時候，下意識的趕忙將毛線帽拉得更低，豎起大衣的衣領，快速走到道路的另一頭，低頭疾步閃遠。

還有，愈是窗外暴風雪，待在溫暖的壁爐旁或留在開著暖氣的屋內，身心愈是感到無比的溫暖。憑窗望雪，最是美妙。

隆冬疏瘦的枯樹，何嘗不是入鉛筆或鋼筆素描畫的絕佳題材！簡單清爽，疏瘦清秀！蕭瑟的冬景本身，不也就是一幅美麗的畫?!

飛機在城市邊緣附近盤旋，準備降落前，居高臨下鳥瞰，那被白白厚雪覆蓋處處的都市，它的線條、景象乍看之下，特別簡單、摩登外加懾人的氛圍，真像我們正要降臨另一個陌生的星球；它又宛若科幻小說、電影中所描述、拍攝般感覺不是很真實、脹滿著夢幻詭異的城市。

去年，向學校申請為期一年研究進修的假。

茫茫世界，落腳何處？

我選擇了比美國最北邊寒冬季節漫長的州還要更北得多的國度——加拿大。

來了之後，九月卅日，是我居住城市因天轉涼而落雪的日子。

十一月中，有好幾天，氣溫掉降至攝氏零下卅四、五度。

每天，穿戴禦寒衣物整齊後，外出走路到公車站牌等巴士去大學，後來，每每忍不住在電話上告訴南國家鄉的親友：

「我天天好像走在冰箱上層而非下層的冷凍庫裏！」雖然如此，仍不為寒冷風霜冰雪所苦，卻怡情怡性。

雪鄉，我眼中的蘋果，如今，已成為我選擇性的第二故鄉，身體上、心靈上的。

兩看

秋日的早晨，寬長後院中央的蘋果樹上，高高低低裏裏外外懸掛著好多已成熟，但體形僅像剛煮熟起鍋、冒著熱氣水泡泡的芝麻湯圓般大小的白黃小蘋果。

果樹四週的青綠草地上，擁擠著落地的小熟果子。住在屋內的房東，及來此習修短期英語語言課程的年輕學生房客們，懶得清理，任意走踏掉落在窄徑上熟軟的蘋果，終至稀爛。然空氣中，也漫散著熟爛的氣味，濃卻不膩，還好！

除了蘋果樹，幾隻鳥兒也在院中其他高大的長青杉柏樹上，及一棵臨窗的矮松上，自在愉快狀的穿梭、蹦跳、逗留、吱喳。

鳥兒臨到我們的院落一角，是因為高矮參差漂亮的綠樹莊園？還是隱隱果熟的香味使然？

總之，眼前的景物，喚起對詩人濟慈描述秋天景致、意象之美詩「To Autumn」的回憶。

信步走到院子另一頭的車庫旁，拿起長柄的鐵耙，回到園中唯一的果樹下，耙清地上完整或泥扁的黃白小果一堆，於棕色長條木板籬笆一角落。

望一望不同顏色的鳥羽、碩大或嬌小的鳥身；聽一聽似黃鶯出谷或粗聲粗氣的鳥聲，折返屋內。

「院中的小蘋果，雖然熟香了，但好像不能吃吧？市場中賣的不同品種的蘋果，都比它要大多了！從未看過有人賣或吃這種小蘋果！」我問了問正在廚房中做三明治的房東。

「那些小果子雖然聞起來有點果香，但基本上不甜，生吃無味，不過可用來做蘋果派。要加不少糖就是了！」

人們不願品嚐它們，我想鳥兒想啄吃它們的興趣也不太大吧?!

「今天早晨，我在臨窗的橫長木桌上整理一些文件，思考一點事情。抬頭，一隻小鳥毫無畏懼地默站在由高往低斜長的松枝上，用牠一雙骨碌的可人的鳥眼，直視、靜靜地觀看著『我』好一會兒！」房東接著又笑說。

房東的房間，面向後院的方向，是整大片透明的玻璃牆面。換言之，院中的一草一木、天色美景、或任何一舉一動，都難逃他的眼目。

他萬想不到，正是這面清透的大片玻璃窗牆，同樣的，也提供給有心、好奇的鳥兒們看賞屋內人們動靜的良機。

房東，閃爍的眼眸，泛著濃得化不開又滿足的笑意自言自語：

「那隻小鳥從窗外靜悄地看著我；我也從屋內無聲息的凝視著牠，彼此對眼相望好一段時間哩！」

好一個兩看相不厭！

居然，庭院中的小鳥，不單在那兒穿梭、蹦跳、停留、吱喳，它還「賞人」呢！

如此說來，有時候，對人對鳥而言，這還算是一個公平的世界!!

既然可以「賞鳥」，誰說不可以「賞人」?!

多情伴我詠黃昏

從位於一〇八街愛城電話公司走出來，正趕上各機關公司行號準備下班的向晚時分。

沒幾步，來到位於和一〇〇大道十字街角的愛伯達省藍十字保險公司樓宇。一個左彎，擬搭公車回家。

步行間，看見左前方一家歐式咖啡館的招牌及裝潢。頓時，心靈在毫無預防之下，觸引我的零星緬懷之情。

記得，五年前，我和北京來的小金和上海來的小李，彼此雙方不是常常奔走在一〇〇街道上，路過這家咖啡館不知多少次，你來我往，好不忙碌、充實嗎？

追念的心情，剎那間，遂很微妙的如初春驚蟄般的恍然轉醒，接著悄然馬不停蹄的活動起來。

一

多年前，初抵愛城，時值好天氣的八月初。學校尚未開學，頭幾天，我這大男人，也樂得每天過起新鮮無比的灑掃庭院、買菜、燒飯、洗碗的居家生活。

某日，湊巧看到報載離住處不遠，位於市區擁有十多層樓的一家套房旅館，登廣告大力促銷、傾售他們正準備汰舊換新大批不同機種、大小尺寸的老爺彩色電視機。誘人的是，二十吋的彩視一律加幣二十五元整。

摔下報紙，深怕落人後似的，匆匆奔赴旅館，欲精打細算好好精挑細選一番，以便生活過得更有聲有色些。

聚精會神的在二樓大賣場區，逐一推敲，挑選哪一台電視，其品質會較可靠？前來撿便宜貨的，除了加拿大人，還見有兩位東方男子，左右巡視，用眼目靜默的上下左右評估各個不同機種及外型的電視，一幅難以決定選購何台之模樣。

價錢，不成問題，終於挑了一台順眼的電視！

但是龐大、沈重的老式電視，我如何搬回不遠的住處？

原本有種衝動，趨前探詢那兩位亞洲男子，是否有車？我付錢請載我一程？馬上又想到，他們到底是日本人？韓國人？還是來自亞洲何國？但是思念一轉，還是別麻煩了！叫部計程車反倒容易簡單！

驚詫聽到那兩位亞洲男子用北京腔的華語在交談了。喜出望外，走過去用中文洽問他們可有汽車載我一程回僅兩街之遙的公寓。結果，白搭，他們和我一樣均是無車階級。一直到半年後，我們三人仍舊一窮二白，不是走路，就是搭地鐵或公車。

「不過，我可以幫你咱們一起把電視搬回去！」年約廿出頭的小李熱心搶答著。順著斜坡街路，我和小李氣喘如牛地搬搬走走那台沈重的大電視。

為了答謝協助的盛情，當晚，力邀他們在寒舍吃便飯，我也樂得款客、交友。唧唧噥噥愈聊，彼此的距離愈拉愈近。他們兩人雖然一個從中國南方來，另一個從北方來，但都是在六四天安門事件之後，來到加拿大尋求政治庇護，結為室友的。那時候，小金的老婆愛人同志及上小學低年級的寶貝兒子，仍留在故都北京；小李是上海一所大學大二的學生，嘴裏常惦念著待在上海的女朋友，由於提及的次數頻繁不已，真會使人產生一種錯覺，以為他們小倆口早已在後花園裏私訂終身，儼然夫妻狀哩！

自從交換電話號碼後，在連接我住的一〇一街及他們住的一一〇街，相隔八個街口的一〇〇大道上，有我們芒鞋踏遍的足跡。閒暇時，在不同的公寓裏，更是屢屢彼此斟酒、奉茶、共餐、消夜。哄然笑聲不絕於耳，好一幅令人稱羨繁榮怡人的景象。

透過小金、小李，我們又多了一位紅粉知己，她亦是來自於北京的小雲。小雲住在我和小金、小李之間的一幢廿來層大樓內中途地點。

只要有人借到車，彼此互通風報信，一行四人，經常相邀去如萬客隆大賣場的Super Store超級市場商店，買菜及採購家用品。

人人手上大包小包、吃的喝的用的林林總總，走向停車場。一方面嘴裏嘀咕著別超過預算才好，一方面享受著眼前有友為伴，物阜民康的榮景！

週末的黃昏，市區的成吉思汗蒙古烤肉店裏，我們餓得大把大把抓些生豬肉、牛肉、羊肉、青葱與蔬菜，拿給師傅現炒。然後再滿足的狼吞虎嚥吃個夠。

某個夜晚，小李一通電話過來，提醒我當晚是中秋節，咱們應該去市中心一家歐式咖啡館喝咖啡、嚐小點心，好好慶祝歡度佳節。半個小時後，一〇〇大道上的夜燈下，多了行色匆匆、歡喜赴約的四位高矮胖瘦東方男女的形影。

咖啡館播放優美的古典音樂，它，我們只視為背景，大部份時間，我們笑不攏的談天說地，直至夜深，只剩下稀稀零零的客人。

每個星期二晚上，百貨公司內的首輪戲院，優待票價一律兩塊錢加幣。如此經濟消費的娛樂，我們自是屢次相約，同坐在黑漆一片的電影院內，體驗、領受一下精縮緊湊的種種人生。

每年介於八月中旬至下旬為期十天，吸引約四十五萬人潮左右的愛城法國節，那一年夏天，我們也湊熱鬧的擠在潮來潮往洶湧的人群中，開洋葷見識個夠。

城南的華人教會每星期六晚間的聚會，我和小李會先搭來接教友的旅行車，再一路開到小雲工作的餐廳，接她一起去崇拜。

就是這樣，來自海峽兩岸的我們，生活在寒凍、寂寞的北國異鄉，餘暇時，經常聚在一起，和樂的作飯、吃飯、看電視、聊天、過日子。

有一天，小李在電話那頭告訴我，他需要我在移民局規定的日子，陪他去一趟移民局，為他以六四天安門流亡學生身分，申請移民居留加拿大的面談作翻譯。

我一口答應下來，並告訴他，那天上午我雖然得去學校教課，但我可以向系裏及學生們請假一小時。

面談的那天，為了小李，一改往日輕裝便服，刻意換上西裝、球鞋變皮鞋、套上領帶，手提黑皮公事包，充當翻譯。看著、聽著年輕才二十出頭的小李，用中文激動的講述當時在上海學運緊張戲劇性般的過程與情形，我在翻譯給移民官聽時，我自己都被當時的學運熱情與經過感動不已！來回問問答答的翻譯後，我也功成身退，當然，小李移民的合法身份自此拍板敲定！

寒冬尾聲季節，小金不知怎的忽然間心血來潮，想過過開汽車的癮，在尚未擁有正式駕照，僅具有學習執照之前，就決定買了部老爺車。成了有車階級後，他數次打電話叫擁有駕照的我，坐在汽車駕駛旁，使他合法在公路上練習開車。大多時候，兩人就會乾脆順便採買一趟，以收經濟實惠之效。

印象最深刻的，是在一個冰凍滿地結冰的夜晚。他大膽將車開上朝國際機場的二號公路上，以鍛鍊自己的膽識，我在一旁不反對，事實上，也同意他有這種新嘗試的勇氣。

去時，一路上黑洞洞綿延的公路，少有來往車輛。車頭大燈照射著前面有限的路面與傳入耳的汽車引擎聲，在這地廣人稀的國家土地上，忽覺自己在天地間的渺小和漸起莫名的悚然之感。

兩人在烏黑的車身前座，偶爾零星的找些簡短的話題，以期潤溫車外無光、冰冷無垠的世界，其不料，所帶給車內的我們反而是一種未知、蒼涼的感懷。

小金斷然決定不再往寬敞清寒公路上直駛，在下一個出口處岔出，逆轉駛進一條當地的一條小路返家，結束當晚練車活動。

誰知，短時間內，我們出了高速公路後，迷了路。更慘的是，我們又迷糊開車進入另一條支線少有人煙屋宇荒僻的小道。

沒幾秒鐘，我們感覺到車子行駛在一條無人清雪、危機重重滑險的冰面道路上！這時，小金和我大叫不妙，擔心萬一有個意外於此荒郊野外，準是呼天不應、呼地不靈！

又他還正在學開車，而我只是虛有其表，表面上有駕駛執照，濫芋充數、充充門面，實情是，個人紀錄上兩次開車意外，都是相繼發生在冬季。我更沒把握，一手接過方向盤來，扭轉乾坤，以求否極泰來。我們只好牛步慢行，自求多福，期盼老天保佑，平安再開回主要公路上才好。

擔憂緊張的氣氛，瀰漫著車內的我們。

好一段時辰，才再次看到市區辦公商業大樓區所散發出的輝煌燈火，它正在不遠處向我們眨眼。

汽車又一次駛回熟悉的道路上，兩人才鬆了口氣，直呼好險！

民以食為天，吃飯皇帝大，是我始終篤信不疑的信條。與朋友們準備飯菜、等待、享用的過程中，能更深體會生活中的希望、活力與歡樂！

有一次，在愛城的中國城買隻大肥鴨回來，掛個電話給他們三人，約他們吃飯。但基本上，我不太會作菜，於是請他們來幫我烤鴨。旋即，公寓內的小廚房一下子擠滿了四個人：有忙著葱、薑、蒜料的，有捲袖淘米煮飯的，有一位師傅派頭忙著料理肥鴨的，我則手忙腳亂作我的豆干絲、香菜、花生米、痲油涼拌等菜。小金當時在餐館雖充權當洗碗工，但廚藝是我們當中的佼佼者。

這一票談心、吃飯又會作菜的朋友們，在那年系上聖誕節教職員工派對上，毫不含糊的就在我那小廚房裏刀飛鏟舞、油炸紅燒的料理出兩大盤美味佳餚示眾。眾人驚嘆我的好手藝，我忙著驕傲的說：

「我不會作菜，這些是我從北京、上海來的朋友們幫我做的！」

另一次，是在前系主任家，招待愛城高中外語老師聚餐、聯誼並力薦系內的課程與教學，再一次，小金、小李兩位又被我這位遠離庖廚不諳廚藝的台灣朋友，徵召來張羅兩大盤色香味俱全的中國菜。

又一次，面子十足的呈現在眾人面前且得意的說：「這是我朋友們幫我做的菜！」

愛城的中華文化中心與系上協辦中國週的活動，包括電影欣賞、演講、研討會。當時，系上邀請到詩人鄭愁予專題主講「詩與政治」，主持人之一和藹親切的朱小燕女士對此，也正式出函及來電，邀我們準備一點相關的報告。

英文稿完成後，央請小金充當觀眾，在他面前，我照稿唸一遍，訓練我自己的發音及練練膽子，如此才能熟悉內容與咬字。

小金卻也一本正經坐在餐桌一角，仔細聽我嘰哩呱啦在演練，毫無怨言，給予我諸多的支持與鼓勵。

在中餐館當侍者打工的小李，悉聞一年一度員工聖誕節的年終尾牙兼有摸彩的聚餐，每人可邀一位家人或友人前往同歡，小李邀我前去。從住處走至市區傑士伯大道上，搭十路公車去餐廳，途中，頻頻感受著這位年輕朋友的友誼。

人是政治性動物。不知是誰說的，兩或三個男人在一起瞎扯時，有時就會談論到政治議題。

某個適合聊天的夜晚，飯後促膝而談，小金抽菸，我喝熱騰騰冒著熱氣的一碗綠茶。那一夜，我們談政治。

略感詫異，小金是不折不扣具有「大中國情結」的信仰者。不急不徐的向他解釋道：台灣社會已步上民主的道路，每個人都可以表達不同的看法與觀點。每個言論都應受尊重。姑且不論我個人的論點，我尊重任何一種聲音與意見，少數服從多數。就算我的見解及願望是少數，不論是哪一方，我會尊重多數人的決定！現在是民主時代嘛！他也可以發表任何的意見，畢竟，一個容忍異同開放、民主的社會，可貴就在此。

耳科醫師約我住進愛城 Grey Nuns 總醫院，動修補耳膜手術。住院時，是一位同事高教授送我去的。出院當天，我則打電話煩請小金來接我出院回家，他不加思索滿口答應。

開著他的老爺車前來，一見他，有如見到親人般的親切與安定。他沒送我回一〇一街的家，反而直接載我去他們的窩，即刻下廚包餛飩、煎蔥油餅給我吃，和我閒話家常一陣子後，才將我送回去休息。

至於我搬離愛城時，是小李黃昏時陪我坐在棗紅色長沙發上，等待房東來接收清理乾淨的公寓房子。

………………憶往思今，明知小金、小李不可能還住在老地方，仍猜測不知他們今在何處？小金的老婆、兒子來加拿大和他團圓定居了？小李和他那位上海女朋友結婚生子否？

徬徨頃刻！

抑制不住去尋視、追憶他們兩人舊宅的衝動，不消幾分鐘，我人已走至一一〇街和一〇〇大道十字路口，一個右彎，三兩步踏進似曾相識的三層住宅樓宇。分離五年之後，我竟也像似回到從前般的自然、篤定，直上頂樓，在門牌八號的深棕色木門上，敲了幾下。自想，說不定現任的房客知道他們二人的下落。又試了兩次，屋內沒有任何動靜，無人回應！

走下樓來，目擊舊地，風景宛然，而人事已非，黯然神傷離去！

一、兩個星期後的周日，時值斜暉，忍不住再從地鐵大學站奔往Grandin 站。

下了車，兩三位疏稀零落的旅客，在地下層通火明亮、一塵不染、空蕩冷清近乎靜滯的車站裏，聽著電動手扶梯機器轉動，富有寂肅的節奏轟隆聲，踏上帶著旅人進出車站的手扶梯，直上大廳。

步出位於一一〇街和九八大道交接的車站。

經過路旁的一所法語天主教小學時，由於仍處暑假的緣故，沒有見到喧鬧的孩童在操場遊戲，未聽到琅琅讀書聲及鐘聲，獨棟的大樓與小型庭院操場，幽寞的靜置著。

重遊舊地，園非故主，不禁滿有筵散花謝、物換星移的感傷、歎息之感，逗留良久，揮之不去！

公寓大樓三樓八號的公寓內，依然無燈無火、靜默無聲。走出建築物外，查看何間公寓的窗內，有人活動的動靜與痕跡，發現一樓一間半掩窗簾內，散透著一盞桌燈。迫不及待急忙歡喜三步併作兩步，再度進入建築物內，敲問房東的電話及姓名。心中盤算著，但願房東仍能記得小金、小李這兩位過往房客，要是能有他們近況的消息，那是最好不過。

再坐地鐵返回住所，一進房內，抓起電話打給口音濃重的一名叫葛麗亞的波蘭裔老太太。

意外的，葛麗亞在電話中告知，她仍記得這兩位來自大陸的房客。她僅知道年輕的小李回上海，小金的下落不明，兩人的詳細腳蹤未詳。

掛了電話，萬種滄桑、滿目思友之情，猶免長戚戚！

小李重回黃埔江畔十里洋場的上海了！

他怎麼沒一直待在加拿大？或許大學畢業後，公民身份也有了，選擇離開孤冷的異國，歸返故鄉，畢竟，就算是家鄉的牆頭花草，都益顯得娉婷俏麗、親切溫暖起來??又近來可好？

回頭想起，曾經在一位電物系學生的一篇作文裏，他提到身在眾人歡慶農曆新年的節慶時，他卻悄悄的享受著寂寞的滋味。同時，又憶及一位台灣新銳年輕導演，在一次校園電影講評會中，侃侃談到他偏愛獨自躲在烏漆抹黑的電影院內看電影，靜靜快樂的獨享孤獨的感覺。

而此時此刻剛搬來愛城沒多久單棲獨宿的我，一直尚未抽空添購電視與收音機。整個公寓內陷入一片無聲無趣的寂靜，外加難以承受如此濃厚的念舊深情之中。如今的寂寞於我，要我欣賞並與孤寞共處，難了！難了！

多麼想和小金、小李共話桑麻，一睹他們常掛嘴邊的親友，終不成！

試想我們三人在一起的時光，不算長，且分開後各人忙著前途與生活，相互之間，也疏於連絡，彼此的友情，又不似多濃烈，否則卻因何各方都未再緊密的連繫著？

情長？情短？

情深？情淺？

還是我現今太無聊、無伴，且又不自拔地深陷目睹舊物故景所挑引的愁思情境中，跟著尋不著舊人的下落，才加深對他們的懷念？

憶起晏幾道少年遊詞：「離多最是，東西流水，終能兩相逢。淺情終（縱）似，行雲無定，猶到夢魂中。」

屋內的陽光，漸移漸暗。

日頭偏西，眉頭深鎖。

念念自問：水逝、雲飛，終是枉了??

二

從台北火車站搭欣欣客運二四九回永和媽媽家中。原來回家的心情，到了大型公車預備右轉和平東路時，臨時改變心意，想去師大附近美食林立的巷道，吃它一碗牛肉麵，及在附近逛逛多家裱畫店裏，欣賞瀏覽那些待裱或寄賣林林總總的藝術海報與有些仍沾有墨香的墨荷、山水、小橋、人家或書法。

起身要下車，站立在司機旁，伺機而動。未料，交通號誌紅燈亮起。不耐久候，下意識未回頭，就身子慢慢後退，再準備一屁股坐回座位上休息等待。

誰知，忘記繞過低矮的手扶金屬欄杆，我的脊柱末梢骨，竟重重坐在杆上而創痛不已！

經過不算短的一段時間，傷痛仍未痊癒，更甚者，有時連呼吸都會隱隱作痛，略顯困難。

友人得知情形後，關心的建議我，去中華路早些時候尚未拆除的中華商場附近，找一位醫術精湛的接骨師，幫忙診治。

數年前，友人說，他也不慎挫骨而苦不堪言。就是那位老大夫一次敷藥吃藥，就醫好了。至於詳細住址已忘，只記得診所名稱及在中華商場近小南門的附近。

在台北一個秋日薄暮時分，走在年久失修失色、剝落沈重及人車喧雜中華商場旁的街道，試圖一舉找著老醫師的診所，以治我骨疾。

無奈，按照友人的印象地圖，徒呼不果。

愈是找不著，接骨大師的圖像，在心靈深處，更是愈趨成謎神秘與稀奇渴望。

在一個小巷轉角商家店口，放棄獨自悶頭摸索探尋，直驅店內請教。

「什麼？老師父噢？他一年前就去世了！他走後，診所也跟著關囉！」

希望破滅，頓失重心，無名失落感受，遽然爬上心坎。

忽覺，這一路奔波，骨疾之事卻不知不覺地漸漸被想見到接骨師一面的渴望所掩蓋。

這一路走來，徒勞往返之感一絲未有，反而，恰似尋找失散多年的熟人，但如今遲了一步所帶來層層包圍失落、懷念之情，濃烈地遣不散、理不清。

走回西門町圓環公車站牌，跳上二六二公車返家。車窗外，絢爛的彩霞滿天，也絲毫誘激不起我那沈滯、鉛重的心胸。單單憂戚坐在車位上，靜想著：

虛實、人生，都是枉了？

那位專療跌打骨傷的老大夫，我竟是生平未見過！

三

加拿大房東亞倫先生，為了促銷本身不愛吃、是別人送禮且已貯藏在地下室大冰箱內三天之久的巧克力奶油蛋糕，對韓國來此學英語的祖悅說：

「今天是你生日，我們吃蛋糕慶祝！」此語一出，意在師出有名，吃蛋糕有理！

「我生日早過了！」祖悅大惑不解的回道。

「不用強辯！亞倫說今天是你生日，你生日就在今天！」我插嘴起鬨著。

另一位韓國房客商悅和我，四人擁簇圍坐在深綠色長桌上，歡欣的大口品嚐著價值三塊九毛九的蛋糕。

巧克力色的奶油，沾留在祖悅的上嘴唇處，年輕的他邊吃邊說：

「一般而言，過生日就有蛋糕吃，但在這屋裏，有蛋糕，就得有人過生日！不管是否真有人過生日！」

個人面前盤內的塊塊甜點，如秋風掃落葉般，三兩下就一掃而空！

之後，被眾人逼著過生日的祖悅，自告奮勇的清洗餐具。我則站在水槽一旁，幫忙抹乾洗滌過後的刀叉盤杯，並順便將它們歸架。

「你常打電話回家嗎？」我先引啓話題。

「嗯，當我想念我母親的時候，我就會打電話給她！」暗想，一位母親能在電話筒裏，聽到遠在他鄉且令她思念兒子的聲音，她一定非常高興與欣慰！

「你媽一定很歡喜接到你的電話！」

「噢，不！我不認為如此！因為，我每次打電話給她，都要求電話公司對方付款！」祖悦一面清洗磁盤，一面頭也不抬起的自然反應著。

今年八月初抵愛城，待我一切安頓妥當又裝上電話時，也已是一個星期過去了！電話總機小姐回答我，台北的時間比愛城快十四個小時。換句話説，愛城下午六時是台北第二天早上八時。

一個誰憐旅愁荏苒的周末黃昏，撥個長途電話給仍在睡早覺台北的老媽。起先，我是拉高嗓門，依往常，故做輕鬆狀唱獨角戲般，一會兒紅日淡，綠煙輕，一會兒荔枝甜，芭樂脆。不過，內心同時也納悶，電話的另一頭的母親是否仍在半睡半醒間，話不多？

終於，我知道，其實家母一聽到是我的電話，她是馬上就清醒過來了。只是……清晰的啜泣聲，傳至耳際，我這才急轉直下，換掉幽默輕鬆的語調，我在這一頭忙著安慰老媽，好話説盡。

在循循的勸説過程中，我猝然的理解到，早年出國工作讀書多年，與此次出國進修一年，她老人家的心理轉變。現今的我，可以分辨及領會她的難過。

多年前，我第一次負笈異鄉，父親仍健在，又同住的孫輩蘿蔔頭們仍小待人照顧。母親自己的朋友及打麻將的牌友又多，身手矯健，年紀也較輕。

現在，視力減退不可能打牌，父親早已過世，子媳孫輩各忙各的，空巢冷清，外加背駝髮白衰老的身軀，總覺來日不多。而我這次走遠門，也有一年之久，她又擔心我疏於照顧身體及朋友在旁可有依靠、解憂？最重要的是，我們終有見面的一日否？

想至母親的一生，和為人子女的我們，息息相連。

安慰母親的話完畢後，掛上電話。清淚欲滴。

歲月催人老，年紀愈長，似乎更少落淚。好像令人感動的人與事，逐漸減少？

比方說，有次偶爾為之，轉台看到居高不下收視率的電視連續劇的劇情，不論俊男美女、老人小孩、小姐丫嬛，人人動輒不是落淚，就是呼天搶地、撕裂肺腑的嚎啕不已！當時的我，心境平靜，並分毫未其所動。不到一分鐘，嫌煩轉台。

其實，感動的時刻還是有的，例如當欣賞完一篇雋永、情真的文藝作品所帶來的情感衝擊；有人埋首苦幹，追求理想，終在寂寞的專業領域上被肯定的小故事；不在媒體渲染報導之下，摒除失真，卻散發晶瑩剔透人情中的光與熱等，這些都隨時能輕而易舉地鼓起、俘獲我的良知感觸。

方才和母親的一通長途電話，沒有煽情，沒有浮誇。

面向殘陽，淒然顧影，獨自愁！
哽咽、撲簌，終於！

我就是那隻中世紀的鳥

鮮花與巧克力，是愛情的象徵之一，情人們如是說。

一

在一個屬於加州夏日的夜晚，雖然還不至於飢腸轆轆，只是難擋真想吃點非西方食物嘴饞的誘惑，從Rains Houses宿舍區，牽出腳踏車於室外，騎上車，穿過整片寧靜的史丹福校園，直奔校門外甚遠的一家Safeway超級市場，只是為了買包辛辣夠味的韓國泡麵回來當消夜吃。

明亮、寬敞、整潔有序的超市外邊及一進門處，就看到不少待售的盆栽和鮮花。一區專賣四英寸高的常春藤、仙人掌、秋海棠、非洲紫羅蘭、熱帶植物及似迷你型薔薇開著如錦緞般小朵紅花的Red Cupido盆栽。每一小盆均標價為一塊九毛九。一轉身，又見玫瑰、劍蘭、雛菊、芙蓉、百合，另有鬱金香、鳶尾花、番紅花、櫻草花，還有喇叭水仙及八仙繡球花等剪枝的鮮花或小盆栽。

正是花團錦簇、欣欣向榮、春色無邊！

二

鮮艷或熱鬧的新鮮花朵或盆景，常用來表達情愛、歡慶、喜樂、美滿。淡色系列或白色的花景，則有時用來哀悼或紀念什麼的！也有人，亦喜愛用白色花束來表徵、述說愛情與婚姻的神聖、純潔。

當然，一些懂得享受生活風雅之士，也愛在自家的花園或陽台或起居的三廳裏，忙裏忙外拈花惹草一番：時而養些盆景，時而插些招展的花枝於瓶瓶罐罐裏。

鮮花折枝或鮮花盆栽之於我，在多年前於異國求學撰寫論文時期，卻是一劑鎮靜、安慰的良方。

彼時，處於滿足、鼓舞無邊的心情時，想不到鮮花。

身於平穩、熨平的情緒時，不知道鮮花的存在。

僅有在碌碌茫茫，然而論文的寫作不上不下及摻雜著孤寂難奈之際，朋友們太忙，不能叨擾，親人遠在故鄉，鞭長莫及，這時我才驟然地想到，一枝鮮花或一只數片綠葉中綴點色彩花朵的盆景，深深預期它們帶給我即時溫柔的慰藉。

記憶，曾經在某個仲夏夜凌晨時分，自書桌前突然躍起，踏著老爺單車，騎向夜深人稀的Ross超級市場，只是為了買盆開著紫色小花非洲紫羅蘭，或一兩枝鬱金香之類的帶回宿舍，放在房間裏，從不同的角度東瞧西看，自我陶醉自賞一番。

說來也奇妙，霎時，置於桌上的鮮花與盆景娘娜娉婷起來，風姿俏麗的不得了。先前的陰霾、可歎都無聲無息逃散的無影無蹤。

三

沒多久，經過賣餅乾、糖果、小點心等專賣區，看到眼熟長方形塊狀、或粒狀、或小圓球狀、或心狀各種不同口味及原料的巧克力。

記得，一度於某個冬季雪飛的子夜裏，走出那蔽風遮雪的宿舍大樓，頂著風雪蹣跚的走了約三十分鐘的路程，來到超市，以一種需要打氣、犒賞的心思，為自己狠下心來，買下平常捨不得買一大長塊Hershey 核果巧克力。

當再次冒寒走回宿舍時，灰色長鵝毛大衣及毛衣內的汗衫，竟也熱溼一片。

一切搞定後，安然滿足的坐在沙發椅上，瞧也不瞧散落在書桌上，那些為寫論文所蒐集相關閱讀的書籍和潦草的手稿，卻迫不及待大口大口享受著核果巧克力的人間美味。

早時的纏擾、誰憐，老早就不著意的不見影兒，找不著了！

四

巧克力與鮮花，是情愛的表徵之一，愛人們如此說。

五

然而，在人生路上，巧克力曾為我做成椅墊，細心地讓我伸伸腰，稍事休息片刻！

鮮花曾為我做成舒適的支架，體貼的讓我那疲憊、悲愁的首頰，得以暫時支撐其上，喘喘氣、歇歇腿，以便繼續那橫亙在前的悠遠漫長旅途與被人期待的前程。

兩者撫慰我的同時，似乎也暗中啓示著：憂慮未來是徒勞的，唯有對未來那充滿奶與蜜應許地之信心與毅力之堅持，那麼，含淚後歡喜豐收的時刻，方可期盼！

至今，我仍喜愛鮮花與巧克力，對它們，當然不是情人眼中所殷盼那種浪漫的意義。

六

同年，九月十七日上午十一時許，在加拿大愛城的愛伯達大學，旁聽英文系Reimer教授所開的「中世紀英國詩人喬塞」一課。

走進教室之前，走在一一〇街去學校的沿途上，只見整個天空，為低氣壓之故所佈滿著鉛灰色厚重的烏雲。濡濕的街道與其兩側的青青草地上，亦被今晨輕微的秋風和稀落的冷雨而抖落下的片片黃葉所沾附著，倍添不少濃濃的秋意！

除了長褲長袖厚暖的休閒衣裝，更要加件毛衣外套和圍巾，好抵已涼的天氣。上課約十分鐘前，我是第一位進入溫暖如春Tory大樓地下室一〇八教室的。紙筆書本準備就緒，年輕的男女學生們約十八、九位，也陸續就座。

一小時又廿分鐘的課，教授用放映幻燈片的方式上課。這些幻燈片的製作，都是他親自去英國的牛津、倫敦及喬塞的故鄉所拍攝下來的記錄資料。除了實景的照相之外，其中也包括中世紀的繪畫與中世紀圖書館中所館藏的手稿書（一四五〇年前，人類尚未發明印刷術）的照相部份。

專注、享受著教授的講課片段：

歐洲中世紀，大都處在紛爭不斷的戰爭與黑死病的陰影中。中世紀在人們對它的意象是——黑暗、意志消沈與冷酷。生命與溫情僅是短暫的驚鴻一瞥。是故，詩人喬塞的幽默，自是潛藏著黑色幽默的本質。

一張張彩色或黑白的幻燈片，在Reimer教授的手中切換，並不停地講述著每張幻燈片的背景與代表意義。

展示著中世紀武士們的軍事遊戲及操演圖片；因黑死病垂死的英國皇后；煉獄及

天堂不同的景象；一位死亡的父親被親人和為人祈禱的教士包圍著的同時，屍骨初寒的父親遺體側，另一個兒子則正打開父親生前的財寶箱，覬覦貪戀不已；有一隻頭靠在一棵女大腿上被獵人刺殺的獨角獸；中世紀人體醫學剖析圖；喬塞曾在倫敦區長大的居處與現今街道的現況，及最後安葬於英國西敏寺內喬塞的墓地。

教授講課過程中，常常被學生們打斷，問些有趣的問題及他的回應，諸如：

「在基督誕生景象的這幅中世紀畫裏，有約瑟夫、聖母瑪利亞、新生嬰兒、天空上報佳音的天使、牧人及天地間一道光芒。光芒的中間是聖靈的影像？聖靈的意義何在？它是神、人之間的界面、連接？」

可能吧！

「在『伊甸園』這幅中世紀繪圖中，為什麼那時候女人的肚子都圓鼓飽滿，像頂個球似的？」

那是當時女性美的概念，其與今日的修長苗條方為美女的審美觀，略異。

（這讓我想起中國國畫中唐代美女圖，她們無不個個豐滿福態之姿！）

「喬塞在西敏寺的墓地，可有人挖掘瞧它一瞧？」

噢！喬塞在西敏寺安息著（Rest in peace）！

然而，在教授輕描講解當中，最叫我心動之處，卻是當他給我們看一張中世紀教堂建築時的說明：

實景拍攝的這所古老的教堂內部架構，其揉摻有大圓柱、厚牆、小窗、光源較少的羅馬建築風格；小圓頂的諾曼建築風味；加上尖拱、直線條與彩色玻璃窗牆的哥德式建築風采的教堂設計，使得教堂內流露著挑高、寬敞、安全與溫暖氛圍的世界。

古詩人曾用隱喻的手法，描寫一隻中世紀的小鳥，在經過長途冷暗、受創又疲憊的境遇後，慶幸飛進一所中世紀一教堂內溫馨、生意的世界裏休憩片刻後，再度飛向那被黑暗、無情所包圍的天空。

那隻小鳥，經歷了兩個截然不同的世界。

這一則自然人文的描述，多像人生的風景！

在夏日的加州，我想到鮮花與巧克力；在秋日的愛城，我認識了小鳥與教堂。

回首前塵，細細思索，多少時候，巧克力與鮮花意味著這所被教授所描繪的古教堂，而我就是那隻中世紀的鳥，常常鳴唱著對愛與信的嚮往。又信與愛的源頭，萬未料到，竟然是巧克力與鮮花所提供源源不息的——希望。

石器時代酒吧

聽到大學站地鐵引擎聲響，下意識地加緊腳步，以小跑的方式，在由上往下又陡又長的階梯間疾速躍跳，俯衝至候車月台。

一列整潔、亮著明光並載有三兩旅客、車門已緊閉的地鐵，正在做最後一分鐘等待後的蓄勢待發。

一位男士，背著黑色的大背包，並未上車，只坐在月台中的候車木椅上。

不知道即將出站的地鐵，是往北我正打算去愛城市區邱吉爾站的方向？還是反方向？氣喘口急快速度低頭詢問坐在木椅上的男士，請指點。

「大學站，是終點也是起站。不論是左或是右軌道，只要滑動駛去，就是往北！」

他立刻起身，將看似沈重的背包甩上肩，朝著我說：

「我正好去那個方向，你可以跟我一起走！」

微鬈金土色頭髮棕眼的他，老練的按了車門外的紅色按鈕，車門打開，我尾隨其後。

他先坐下。

原本想坐離他一段距離之遙，比方說兩三排之後。但是他的雙眼，以一種邀請我坐在他旁邊似的望著我，須臾間，想到禮貌及不要給人過河拆橋的印象，極短暫的猶豫一下後，我未選擇他的旁邊座位，而是他的對座坐下。

欠身入座的刹那，略感奇怪：他既然也要搭地鐵，為什麼不先前和旅客們一起上車？他剛剛坐候椅上時，一點不像要搭這班車的意思！

坐定一會兒，列車駕駛鳴放「叮咚、叮咚」的信號，示意地鐵即將滾動駛向北方。

一

在窄軌上行進中的車廂，左右微晃。

陌生人不顧四座的客旅，不停地主動搭腔問道：您打哪兒來？什麼是你的專長？尊姓大名？台灣的經濟表現不錯，願聞其詳云云。

我則以維持一種最基本的客套，收起笑容，藏起親切、熱絡的肢體語言，不露心聲，波紋不動，唯以是非題或極短的簡答題形式的答案回覆他。姓名部分，我只說出英文名字；至於職業？無業求職中。又含糊帶過一些問題，告之，我是來加拿大看看玩玩的。

到了站，從地下月台走出平地上的街道。他仍舊自顧看似興趣濃厚的談說。而我，面無表情漫不經心的聽著，自顧地警惕自己及提防對方，懷疑著，他是否有什麼陷阱圈套？

淡棕色的加拿大廣場大樓在望。

他在最近的一個十字路口，停下腳步，指點我的目的地後，自報名字約翰，歡迎我來到加拿大，一句珍重，於是灑脫的揮手告別。

在不久前車廂內，兩人對坐問與答的時候，我才稍微有機會看清一些約翰的面貌、衣著。金土色的頭髮，比我的黑髮，濃密的多，但是，那張紅曬過度呈暗紫色的臉龐，笑起來略呈深黃深灰的牙齒，看似久未清洗的衣裝隱隱散發出異味與煙味，整個人而言，不難看出一種無言的滄桑，那種來自於苦澀年歲的累積！

鬆口氣，至目前為止，他看起來並不像是如繁亂罪惡大城市中，那些想要騙錢財或欺傷人的壞人嗎？

無論如何，我和他之間，存在著根本性的差異??

二

下午，在人文學院大樓三樓，端坐在教英國詩人喬塞（一三四〇？—一四〇〇）的柏格教授辦公室裏，聆聽受教於戴著一個穿洞黃金色小耳環，看起來仍年輕、專精中世紀文學的學者，說明中世紀喬塞英語的發音與現代的英語發音有異，乃因經歷了英語元音轉移之故。譬如說，中世紀的a音變成近代英語的e音，又e唸成i，另ɔ讀成o，同時i換成雙母音aɪ，及u發成雙母音au。如此提醒，對想試讀原版中世紀英語讀本的人而言，是有極大的幫助。此外，不厭其煩的，又點出研究「培特伯雷故事集」的重點及方向。

帶著較踏實的心情走回住處，忙完又吃完晚餐，散步兼赴一〇四街的 IGA 超市採買些食物補給品。

正踏進超市入口處，雙眼直視，眼睛餘光意識有位男子趨前推銷一份報紙，我一直視而不見，聽而不聞，直到對方在大庭廣眾之下毫不放棄嘮叨，兩人眼目對視，初覺有一面之緣似的，再一冷靜回想一下，對方不就是上次幫我帶路的約翰嗎？

這一回，我笑逐顏開，因為約翰的討生活的工作方式，我明瞭了！又為了表白「工作之下，人不分貴賤」的信念，我和氣自然的和他寒暄起來。他建議我們下次可喝次咖啡聊天。

不置可否臉帶微笑，自忖這倒可以省省，將來見面點頭問候，說些場面話就可以了。

三

由於位於舊Strathcona區的IGA超市，離家僅僅三個街口，急需時，我大抵都會不做二想，走到那買菜。超市附近的八二大道又名懷特大道(Whyte)，是舊Strathcona區的主要熱鬧街道，車水馬龍，商機無限。

聽在加拿大長大的小牛說，舊區原本沈寂一段時日，近幾年來，奇妙的又起死回生起來。年年的愛城法國節亦在此區大肆舉行不同的活動表演，以慶祝及吸引上千上萬的群眾，前來湊熱鬧。就經濟消費而言，欣欣向榮美好，遠景一片光明！

買菜前或後，我都會以一種調劑身心、輕鬆悠閒的心情，在懷特大道上觀看少數原住民印第安人、來往的紅男綠女、老人小孩、商家櫥窗，甚至邊漫步邊盡量不露痕跡的注視欣賞，正在透亮大片玻璃窗餐廳內，或其外街旁行人道上小圓或方型餐桌上進餐的食客：有開懷、有優雅，有低頭靜默各自努力加餐飯等千姿百態，實為美妙的生活風景。

恰似五年前的夏日，在法語魁北克省的蒙特利爾市，黃昏的時候，我會從住處散步至大馬路旁的一條小巷頭至尾的一公園處，此巷為多國風味且空氣中飄溢著菜香、酒香餐館林立的所在。為的只是故意放慢腳步，靜觀不同的人們品酒、剝龍蝦、喝湯、吃沙拉及豐盛美味的主食、咬嚼簡單的三明治、聽看他們用法語或英語談天的神采、不同的裝扮與韻味、欣賞琳琅滿目的刀叉盤碟杯碗，竟也是百看不厭，回味無窮！

八月天，遊蕩在熱鬧非凡的舊 Strathcona 區的街道上，追想擬思著八十五年前（一九一一年），懷特大道這一帶方圓數里，人口有六千五百人，其中一千零七十九人上學讀書。

當時的地方建設，僅鋪有約一哩長的道路、三哩長的水泥人行道、十五點一二哩長的給水幹管和十二點六四哩長的下水道。

想到今天二十世紀末繁榮街道商家林立的景象，難想像早先舊區只有四座麵粉場、一座燕麥場和一家製造牛奶、奶油的工廠；三處製磚場、兩個鋸木廠；為了處理所有的木材，另有兩座製門及窗框廠商，及三處木材製造廠；五家旅館、三間銀行、五家雜貨店、三間藥房及五金行。

讓現代人淡忘的是，那時，此地加拿大人騎馬上街購物娛樂時，將馬匹暫時寄養在代養馬房裏。

當地只有一份報紙，代客刊登所有的商業廣告諸如食品加工包裝廠、啤酒釀造場、糖果製造業、製蠟場、帳篷床墊場和鐵工廠等。又擁有多處煤礦場、七座教堂、六所學校，南愛伯特學院(Alberta College South)及愛伯特大學，提供了居民教育和宗教上的需要。

那時，橫跨莎河（Saskatchewan River）連接南北兩地的High Level高空架橋，也正在興建中。依據市政檔案，一九一三年間，完成了另一座越河的第五街橋。這兩座橋樑，帶來了開發與便捷，無形中亦是往後Strathcona市區，源於人口外移，使得人口成長率衰退的主因之一。

懷特大道上的人文活動腳蹤及替換歷史，加添了遊覽、思維時的風情。

四

約翰推銷報紙的公共場所地點，基本來說，有兩個，其中一個就是在舊Strathcona區 IGA 超市門口。

我去買菜時，有些時候並不會碰到他。

老實講，我是能不和他碰頭，就不和他碰頭。明說了，他身上有股不洗澡不換衣如流浪漢的異味及煙味。大惑不解的是，生活艱苦，但他依舊愛抽又貴又傷身體的香煙。

第二次和約翰在超市自動門進口處相遇，大約在晚間八時卅分左右。此次，他再次謹慎、探試喝咖啡聊天的可能性。

先前一次，他約我和一位學經濟的中國女研究生喝咖啡，我找了藉口，搪塞過去。這一次，心想他每次在推銷報紙時，都會和進出市場的男女熱絡的打招呼套交情，猜測，他應該不是什麼居心不良的人物。倘若他要計算我，早幾次就可以行動了！何況，中年男子的我，除了搶錢，別人還能如何！

顧及怕他誤會我看不起他等因素，這次我也爽快的姑且應付一回，豁出去了！但下不為例，盡量的巧妙地閃躲他為上策，我盤算著。

約翰高興的建議指著超市街邊的一家賣酒、啤酒、圈餅、比薩脆餅的「石器時代酒吧」，他也樂的即時收工，兩人一起光顧，有現場搖滾三人小樂團演唱的酒吧！

坐在酒吧台邊高腳小圓椅上，點了啤酒，開始了要吼叫對方才聽得清楚的交談。

吧台旁有一個古樸式，用木材烤比薩餅拓荒時期的烤爐，底部是暗紅色紅磚砌成的耐火磚爐，其上，圓肚形狀耐高熱的灰色蓋狀物，一直連接著直達二層樓頂銀亮的不銹鋼煙囪管。如此用柴火烤比薩餅的炊煙，在密封設計之下，將苒苒直入天際。又香噴，又懷舊，濃厚的古意，想起多年前在蒙特利爾住家附近漫遊時，驚見類似如法炮製硬麵包圈專賣小店。猶如在台灣喜瞧一家古法烤製燒餅或槓子頭的老店。

燒柴烤餅的香味、酒味、震耳的伴奏與歌聲、人聲起落的環境氣氛下，雙方得斷斷續續搞清對方的問與答。而對約翰的背景及描繪，我方有機會略知一二。

他說他曾在曼尼托巴大學唸藝術，前幾年，還曾在閒暇時偶爾畫些畫，但都不是什麼令人滿意的作品。畫作隨即也扔掉了！

年輕時代，迄今仍印象猶深的是，十九歲時狂妄的獨自一人從多倫多騎摩托車去洛杉磯。

離開學校後，一度曾全心投身於繪畫、雕刻等藝術創作。約翰的作品也曾參加過集體畫作聯展。除了創作時買顏料、花時間、精力，創造完成作品的裱框都得自掏腰包。末了，拿到藝廊寄賣，交易成功，對方拿百分之六十的佣金，剩下的才是自己的酬勞。

想來所賺菲薄，難以度日，於是放下畫筆，做起待遇誘人的建築工地搬運工苦力的工作。終於，鎮日扛重物的結果，導致背骨微屈斷傷，嚴重時，不能雙腳正常行走，只能緩慢拖曳而行。後來就醫也漸痊癒！接下來，就開始在街口或市場前兜售報紙，以維生計。

約翰準備喝著拿在手中的第三杯啤酒時，我適時插嘴問道：

「做搬運工賺了一些錢，有攢存些許？如果你因工作受傷，以社會福利制度健全及良好的加拿大政府，有否發給『殘障手冊』？」

歌聲助興下，我辛苦盡力的在煙霧瀰漫與在喧吵的樂音中，嘶吼的問完問題，這下，他已吞喝下一口圓胖酒杯內澄黃的啤酒，不疾不徐繼續捻起一枝煙，點燃後，猛抽一口，再將一道濃白的煙霧，吹向前方佈滿大小形狀不同的玻璃酒杯與不同品牌眾酒的酒櫃，然後說起：

「那時候，錢賺的多，沒錯！但是賺多少，花多少，從未存過什麼錢，只想到，賺來容易，年輕力壯，未來何以堪憂？說到殘障手冊，我要靠自己過日子！」

約翰的部份處境，使我想起數年前，也發生在愛城的一個夏末黃昏。

我遊玩至公寓大樓上方的一座幽靜市中心的小山丘上。照往常，欲遠眺莎河、臥波的鐵橋、綠蔭中蜿蜒的公路、行車、夕陽及近看後方設計有現代有古典幢幢摩天大樓。

不期遇見一位坐在長凳上，面色雖似枯滯，但難掩眉宇間流露尚屬年輕臉龐的年輕人。

視力所見，只有他和我在這青青山丘上。

由於身後有人，佇立欣賞夕陽美景片刻之後，轉身離去之際，

「你有煙嗎？」那位青年無精打采、面無表情，又帶凡事不在乎的神態，用英文問我。

這一句問話，燃啓了兩人似有似無的閒談。

我是韓國人，現在具有加拿大公民身份。

之前，我有一份很好的工作，待遇不錯。

租個房子住，每天上下班，日子過得還算不錯。

不在意自己的隱私及我這個陌生人如何看法，韓國年輕人繼續往下說。

前一陣子，我破產了！朋友好心叫我住他們家。後來，我被趕了出來！更早之前，我也是住在一位朋友家，最後亦是被請了出來的命運。

我已經失業很久很久了！

「你現在住哪？」好奇的追問著。

我現在是無業無家遊民。暖季，每天找地方睡公園的長凳上或睡樹下；冬日，則避風寒忙棲身於公共地下道內。

「吃飯呢？」

我去領救濟食品。每個月，政府付給我區區幾百元救濟。

「你剛才不是提到你曾經擁有一份不錯的工作的嗎？當時,你都沒有存儲一些？」不解的又問。

沒有！我的錢都花光在玩女人的身上了！

此刻，幾分鐘前幽緩明顯無氣游絲的語調，漸轉為興致被挑起，中氣十足起來了！眼眸泛散些微光似的！

一開始，我找便宜的妓女。然而，胃口愈養愈大。最後，我迷上了高檔次年輕貌美、金髮碧眼、性感無比風情萬種的女人。

她開價，一夜一千塊錢加幣，並隨你怎麼玩！

一千加幣？我記得當時一位打雜工友人，一個月的薪水才八百元哩！

「如果現今生活困難，有想到回韓國嗎？」

「沒有！」

忍不住惋惜，我們有些人趁還有能力時，為什麼不先未雨綢繆？

我迅速的回去拿了些現有食物給他。

第二天，又自告奮勇、自作主張幫這位韓國年輕人，專程去大學附近一家中國餐館，為他找工作。仁慈的老闆，答應給他一個面談的機會。

後來，他們彼此有連絡？不得而知了！

話題再度回到約翰「殘障貼補金」的問題上。

我喝了一口啤酒，小心翼翼，怕講錯話似的，勸戒約翰，因工作受傷，不是自己去求的，況且這也不是什麼可恥的事。從前，盡力去工作繳稅給國庫，既然工作意外出事，實怨不得自己，到如今，我倒覺得可以一方面以一種自然、無愧的心情，接受政府、社會的關懷照顧，一方面依自己的能力兼差充實自己。

聞著從約翰身上散發的微微酸腐體味和不得不猛吸他吐出的二手煙時，我還是不確定他到底拿了貼補金否？否則光靠推銷非主流報紙的工作，夠生活嗎？在愛城見識過當地的日報及太陽報，要不然是全國性的「環球郵報」，但是從沒聽過約翰天天推銷的「我們的心聲」報紙（Our Voice）。

原來，「我們的心聲」一報，不是市場上所銷售流傳的主流報刊，而是專為社會上一些少數未為大眾所知曉的人士，給他們一個發言、討論議題的園地。

進一步，約翰誠實的說明，基本上，推銷此報的成員，不同於街上行討的乞丐。因為他們花幾毛錢的工本費，期待善心人士隨意付壹元或兩元，以一種交換的方式，達到慈善的作用。溫和可親的季節與天氣，一天約賺五十塊錢，冰寒的冬天，一天進帳約二〇至三〇元不等。冬季的工作時數如八小時，真正站在户外推銷兜售的時間約四小時。主要是天氣太凍冷，站在户外最多二十來分鐘，會迫不及待鑽入室內取暖二十分鐘，然後再露臉討生活。約翰強調他喜歡這個賦予自主性高，又可自己安排上工時間的彈性。

擔心他在經濟方面陷入捉襟見肘的窘境，又深怕傷了他的自尊心，輕風明月巧妙地若無其事般的提到，平常能規劃存點錢的話，也是件對自己有益的一件事。

相談約一個多小時，因為急著想回家看看新買的電視其收視效果如何，我起身欲離席！

走在街上，他提議再喝一杯咖啡如何？我說下次吧！

他就住在轉角懷特大道上一個小旅社，月租兩百四十五元。在那位於大街上三樓的旅社前，正和他握手道別。不知是否是客套，他說些幸會等等之詞時，我內心仍殘留對他不太熟識又擔心是否會對我存有騙財之想的念頭，我回以近乎戴高帽、輕鬆的場面話：

「彼此！嘿！在大城市裏有個朋友，是滿好的一件事！」接著又忙添：「我覺得你是一位值得信賴的正人君子！」

兩人站在喧嘩擁擠的馬路上，終至珍重告別！

五

數個星期過後的一個夏末餘暉時分，不像前幾次，遙見他在市場門口，就轉身折回，這次，為了購物懶得閃避，我主動的走向他打招呼。

不多時，我們在石器時代酒吧附近，懷特大道上的一〇三街與一〇四街間的一家歷史久遠的歐洲哥德式建築物，是早期旅館今改裝成的咖啡館，坐在其二樓露天陽台上的小餐桌旁座位上，喝咖啡，看看樓下來往擁擠的人車，不時的聊著天。

由於這家咖啡館Cafe Mosaic 沒有現場樂隊震吼的伴與唱，僅街上傳上來的人聲、車聲、及由咖啡館內飄來的酒味和咖啡味，我們談的更多些。

倏地，約翰又提起諱莫如深的我，究竟是何方神聖？我提醒他，我以前不是告訴他了嗎？「還在找工作啦！」如此的睜眼說瞎話，但願使他有種他的處境比我好的情境。

這下子，約翰熱忱的滔滔不絕的教我如何準備自己及找份工作。旁舉他朋友找事成功的例子，勸我不要沮喪，好好安排自己的時間之外，每隔一段時間，可為自己買些小禮物如鞋、手錶、健身房的季票等以犒賞自己，日子才會覺得好過些！

真正讓我驚訝的是，當我談到目前正在研究喬塞的作品時，他眼露星光，迫不及待的說，他最愛喬塞的幽默，尤愛「The Wife of Bath」故事中，那位女子的機智及對貞操獨到的見解！

我幾乎不敢相信，近乎一窮二白，鎮日在户外打恭作揖營生，狀似流浪漢的他，竟也能對喬塞的作品侃侃而談！我現買現賣應接著：喬塞的幽默，意涵著黑色幽默。語剛畢，約翰增補一句：喬塞的幽默，具有啓迪性的幽默，因為這位中古世紀的詩人，使那些追求真理知識的人，受益良多。

那一晚近兩個小時的喝咖啡清談，多虧喬塞是兩人共同的話題，因此意外煥發出全新的對話視野，彼此原有的疏離感，相形縮短些，且寓有倒吃甘蔗的趣味！

當我們在大街上分道再會時，約翰不忘遙指懸掛在夜空上的月亮：

「快看！這是難得的月蝕！」

六

從小到大，認識交往過不少外國朋友！

我不知道像約翰這麼樣的一位加拿大人，算不算是其中的一位？

多次，在國內外的大都會，總是那麼輕易的碰到蓬頭垢面、身懷難聞異味、衣衫襤褸、神情空茫的街頭流浪者佇立街頭，討好路人，使其施捨分文小惠，以便度日。

第一次，很陌生、毫無經驗的和一身不常洗髮潔身、又少換洗衣物因而帶來令人渾身不舒服的怪味、口含濃臭的煙味、靠路人慈善施捨一、兩塊錢加幣來換取一份非主流的小刊物為生的約翰，面對面，微忍著異味煙味，裝著若無其事，與之閑談數次！

一度是大學藝術系學生，今日生活在社會邊緣的約翰，給了我一個破繭的機會，進入他的人文關懷與思想世界。

在視覺與工程架構兩者合一所展現的開闊、有型之美學風格的石器時代酒吧裏，他曾獨角戲般對我暢談著有《政府論》之英國唯物主義哲學家洛克(John Locke，一六三二—一七〇四）的思想；勃勃地述描洛克對人類知識之起源的論點及其經濟理論。又獨到見解地淺談曾獲一九四八年諾貝爾文學獎的英國詩人艾略特（T.S. Eliot，一八八八—一九六五）的意識流。約翰試著解剝幻想（Fantasy）、表象（Image）與思考（Think）三者之間不同之層面意涵。

他愛閱讀大量的書報。比方說，加拿大環球郵報是約翰常翻看的報紙。他曾批評郵報專欄的思想邏輯。

約翰的一些喝酒的朋友，常嘲笑他屢次脫口而出文謅謅的遣詞用字。想不到，在他自己現在租住的地方，尚收藏著喬塞作品的錄音帶，他大方樂意的要借我錄音帶和隨身聽呢！

「說實在的，兜售『我們的心聲』報刊，何嘗不是學習人性的一個美好的工作，實非書本知識所能提供！」我自以為慎慮的為他寬心。

暫放下盛著三分之一杯的啤酒杯。約翰說：

我也說真的，個人倒認為這份工作，讓我學到的不是別人，而是我自己。沿街販賣「我們的心聲」，賦予我更能以一種負責任的態度，完全掌控自己的生活。我之所以目前不拿救濟金，因為它本身即代表一種盡頭！工作，能回報我自尊、活得認真與生氣勃勃，及喜歡自己，接受自己！情非得已，否則我會捨社會福利金就工作。

從精神、心理、身體狀況、情緒、社會自我等不同層次而言，工作使我能擁懷著一個較理想、安寧、平衡、有概念的整體自我！

基本上，我在創造自己的生活與生命情景。

這份推銷報紙的職業，給予我強烈的動機為自己及為別人工作。對我人生的意義，則顯現出另種實際的認知。

賣報刊，是我生活的中心。它給我個機會去品嚐生活的種種滋味，享受著生存。在冰天雪地裏，慫恿希圖路人買份報紙的零工，回饋於我的是，萃取感官所納入的不同感覺，抓住生命。

另外，從書本中獲取知識，會加速我們學習許多不同的生命經歷和風光。從生存本身當中所受教的，則是一種實際的價值。

不可諱言，在學校教育體制下的求知過程中，學生們似乎缺少了那一份領悟！

反過來，約翰也謹言慎行，流露著對我自稱所謂「待業」賦閒度日的關懷，大加安慰我。諸如，好歹每天要找些事情做，找理由讓自己忙碌起來，要不然，終日無所事事，東幻西想，準會發瘋！

他又說，生活中需要有目標、目的。想要達到滿意境界，實在需要走出坐而言，落實到起而行！盡量將自己放在適當的位置。千萬不要給自己太重的壓力。勿氣餒！

我聽得頻頻點頭言聽計從，言表盡是感激滿滿！

七

最初，我主動朝向 IGA 超市自動門前，堆滿笑意夾雜著清誠的心，大步向前和約翰打招呼的那一次，另一實情是，我當時幾乎要放棄買菜的目的，掉頭溜走，避免碰頭。

那時，我人在超市對面一〇四街的對街上，正擬過馬路去採買。

等待過往車輛都走完再過街的同時，忽念到約翰將會在對角處賣報嗎？一時，矛盾兼猶豫了一會兒後，算了，我默默的告訴我自己，還是懶得去和他打交道。

可是，心回轉念，自我反思，我和他又有什麼不同呢？他是一面鏡子，某天，難說，我也可能會落到像他一樣的景況?!誰又能擔保任何事呢?!

新竹一位教會姊妹曾分享說，有天，她祈求聖靈充滿，結果，她清楚地聽到了一個聲音回覆著：

要充滿，先倒空。

我是不是應將偏見、生活與文化的差異倒空撇開一邊，用尊重人類高貴靈魂的心，同等對待、包容、接納對方?!

德蕾莎修女還終日與極貧苦、處於極惡劣環境下的人們一同生活，不是嗎？

經此思想，結果，反以一種正面、積極、贖罪的心懷，我釋懷輕步地走向正忙著向陌生人推銷「我們的心聲」的約翰。

現在，只要看到散佈在愛城街角或商家門口叫賣「我們的心聲」的人士，我都會感覺親切起來，畢竟，見過數面之緣宛若一位流浪者的約翰，也是他們其中的一員。

一天，在愛城市區行駛公車的車身，有個大幅平面廣告隨著巴士滿街跑，廣告上面寫著：

「生活太艱苦，找一個相互扶持的團體。」

每一個人，都是團體中的一份子。

在這麼一個訴求中，我扮演的角色是捨的一面?是取的一面?是相互的？預想期望別人的幫助，才是加入此含有平凡且深遠意義團體的主因？抑或樂於被放置在一個卑微提供者的位置?不論是物質上的，抑或精神上的？

思及「我『為』你祈禱，遠不如我和你『一起』祈禱！」

涼秋的夜晚，處身於音樂價響、人聲鼎沸的石器時代酒吧內，我心誠意摯，深怕對方聽不清楚，故提高嗓門，一字一字地對雖衣著面貌邋遢，但在某些方面對我而言，頗似一位生活中的哲學家——約翰說：

「待枝葉落盡，稀疏凋殘的冬季來臨時，於聖誕節假期間，我們『一起』去吃頓晚餐，好嗎？你來挑地方！我請客。」

假期

八月下旬九月初，正是加拿大愛伯特省南部一小城Taber市，盛產傾銷甜玉米的時候。

此時，注意到，手邊握有西北航空飛往美加境內免費來回機票，三年期限即將屆滿，如仍未使用，則將逾期作廢。

捨不得白白浪費此次難得不花錢，坐飛機雲遊北美兩國的機會。

接下來，就傷腦筋左思右想去那裏？及拜訪誰？

這項看似簡單，其實頗艱難的工作。

非常想見的朋友及家庭，幸運的，由於暑假中約好，聖誕節時有遠從加州赴印第安那州的一個家庭，和我一起在美國友人長輩家過節。還有在台灣即約定好，同時順道探視遠住在芝加哥的另一友人全家。

至於其他住在或停留在美加兩國的熟人或半生不熟的人們，有些是不想去，有些是不願去。

東挑西撿之後，想起一位居留在馬里蘭州華盛頓特區附近，我在研究所讀書時，曾經和她同過不少班的同學崔姐。

早在當年，崔姐帶著讀高一的大女兒及後面依高矮順序，接二連三的三個壯丁，千里迢迢攜眷舉家來美留學居住。崔姐一家，也是我當時在校時，常串門子的家庭之一。

光陰飛逝，屈指算來，也有六年未見了！

說來也許不信，愛城真的自九月第一天起，瞬息間，就是淒冷瑟縮得令人難以置信。八月底九月初之間的一日之差，四季氣候遞嬗如此之大！

房東先生說，加拿大雁與群鴨數隻，於八月下旬時，曾飛越我們所居住屋舍的上空，那時，他早已預言，今年的冬天，會提早光臨愛城。他如此篤定的理由是，因為大自然的鳥比人聰明。

冷冷疏疏的北國九月氣候，與陡然升自於心湖清清寞寞的心境，越加使我決定，在大學開學前的周末，走訪崔姐一家並打算和久違的崔姐好好聊個夠。

沒錯，美國華盛頓特區，早都已遊覽過三回了。這一次的馬里蘭州之行，打心底沒想再到華府那些遊歷過的博物館、觀光勝地與風景區去重溫舊夢或溫故知新。誠誠實實的只想於此時此刻，僅願趁著周末，坐趟飛機，飛行百千英里，願能和往日的同學崔姐敘舊、閒談！

道路悠遠！

汽車駛過公路兩旁，多是大片大片呈金黃色大麥、小麥與燕麥的田疇。

於下午二時左右，登機搭乘D9S型機尾引擎聲轟隆作響的老爺飛機，費時約三小時飛到明尼蘇達州的雙子城市，接著，再轉機為較寬敞舒適，無那等懾人的引擎噪音757型飛機，飛它個兩小時多的行程至目的地。但由於飛行前的誤點，旅客們於當地晚間近十一時，才姍姍抵達華盛頓國內機場。

就這麼樣僕僕風塵的翩然來到華府。

喜見友人夫婦搭地鐵來接我。

在搭地鐵的一路上，我們已迫不及待打開話匣子，滔滔不絕的互通一些同學友人們的近況消息。

踏進他們身在川澤山林中的幽靜舒服的住宅，放下行李，喝杯清茶，入定片刻，我開口聲明：此次前來不想去任何地方遊覽，玩都玩過了，只願和久別重逢的你們一番talk，就心滿意足，了無遺憾！希望盡量不打擾，不給你們諸多負擔為念！

第二天中飯後，天氣暖和，崔姐的先生陪我在附近的林間小道散步，欣賞社區風光！

未見群鳥棲止樹梢，未聞鳥語，路旁的樹林裏，傳來蟬聲滿耳。

「這些是秋蟬！」

「這讓我想起新竹聒噪不已的夏蟬，牠們盡情地揮灑，將大地弄得熱鬧非凡！」我以一種懷思回憶的心情回應著。

第三天，暖陽怡然，同學夫婦請我及另外三對夫婦在一家中國餐廳吃美味的點心中餐。

聽在座的主客雙方，談些台灣的社會現況，兼說些即興插科打諢的笑話，直到下午三時。

不久，肩背著輕便的行囊，在Shady Grove捷運車站，和他們夫婦倆致謝、揮別！

中途在美術館廣場站下車，轉換黃線地鐵直奔機場。

車窗外，瞥見掠過的白宮、紀念碑等建築物身影。

地鐵停停開開，旅客一批批上上下下的行程中，獨自偏頭思慮著：邁入中年，有人變得細心慎慮，瞻前顧後，求得圓滿；有人變得不顧小節，悠然自在；有些人則時為前者，時為後者，不一而定。

縱使，我自以為大老遠的去看同學朋友，那是因為我珍惜、看重他們的友誼。另一方面，暗自深願，我的拜訪對對方來說，沒有帶來太多的叨擾。

深知，麻煩當然是有，好像說張羅三餐，陪坐陪聊的；負擔也是有，原本可以和家人多相處些時間的，因為我，得剝奪、切割他們親子寶貴的光陰。

友人是否會和我一樣的享受著彼此再度重逢後的欣喜、懷舊的情懷？

這讓我想起來自大陸的山東漢子友人岸青，有一次，終於和愛妻芳芳攜子一起從加州回台灣，探視岳父、岳母家人的經歷，他信上寫著：

「利用兩個星期的年假，第一次踏上台灣的土地，呼吸著，生活著，觀察著。小住一陣，使我重溫了中國人的習俗，有些我都有些忘了。這次回來，不但時間上『時差』，好像感情及思想上都有些『時差』了！」

多麼希望此次馬里蘭州訪友之行，主客雙方沒有太大的友誼時差。否則，其所帶給我的不光是難以承受的負擔，更是久久耿耿於懷的內疚！

我們應該是相見歡。

但中年人多慮的一面，使我又猜想，如果不然，我真會懊惱萬分、歉意十分。

前者，很好；後者，我會自問：

當初的決定是否妥當？那一次的旅程的意義又何在？

七五七型噴射客機，由華盛頓飛往雙子城的天空上，平視天河，機窗外白色密雲綿密，有如無際的冰原景觀。

回想著，崔姐他們夫婦倆，於一個午後，帶我去看住在近處一位朋友擁有兩英畝庭院的住家，順便前去拿取從一畦菜園中收成的蒲瓜與苦瓜。

我們先在見屋壁俱用明光紙裱，整潔如鏡的客廳裏吃蛋糕、飲茶。

很快地，走在園中的青草地上，崔姐指著腳旁兩窪小水塘，水面上各飄浮著墨綠的蓮葉數片，以一種不可思議、逗笑的口吻告訴我：

「這兩個水塘的蓮葉下，主人們原本養了很多條金魚，結果，誰曉得，竟然都被不知從那飛來的海鷗吃得淨光，一條不剩！」

我頓然大笑著。

我沒有因覽物得意，或因寫物創意。我笑的，是那饒富飄飄然的意趣！

不知怎的，當載著一百人左右的飛機降落在愛城，我又回到霜風已冷、大地將寒的北國加拿大時，我又不禁的想到，我的這趟所謂的周末假期，要是不幸，帶給崔姐麻煩，那麼，我這趟原意清談旅行的意義又將何在？但一想到：「蓮葉下的金魚，都被海鷗吃光了！」這一句話，實不相瞞，就是這一句話，對我而言，已值回票價！

它的妙趣，恰似國內一位嗜好藏書的暢銷作家多年前所言，他曾經為了其他作者書中的一句話，而買下其全集——面不改色，全無遺憾！

卷二：兩種痕跡

台灣之美

TVBS電視台推出製作嚴謹精美，每集僅短短一分鐘左右的「台灣之美系列」報導影片。

影片中，無不展現台灣島之珍貴野生動物、自然山水、人文精萃之美。

八月中旬的一個星期日的上午，我不經意發現另一種台灣之美——那就是市井小民臨危不亂、坦然無懼的信心之美。

不管一九九五年閏八月，是猜測預言也好，是危言聳聽的一種戲言也罷，當年的八月日，台灣還真熱鬧滾滾，目不暇接！

那時，一連數日連續爆發四信、國票金融風暴，中共在東海又將進行十一天飛彈、火砲實彈射擊演習之陰影，股市重挫狂跌，台幣兑美元匯率快速貶值，房市低潮，投資人信心危機等時局亂象。

一日，教會裏的一位長老，正在美國開會，其美僑友人擔憂的告訴他，中共飛彈試射且台灣社會及人民又如何如何！

由於他沒有中文報紙及即時的資訊在側，無從獲知具體實情，故那位長老急忙關心地打個電話回台，好好詢問太太台灣的最近情況。

其妻在太平洋彼岸電話的另一端，篤定沈著、四兩撥千斤的回覆她老公簡單、俐落的一句：

「你放心啦！你回來時，『台灣』還在！」

情人黃臉婆

情人節的上午，上完課，順路到外語組辦公室，檢查信箱看看有何信件，或重要、不重要可有可無的通知。

行政助理小姐和張老師，我三人客客氣氣沒事找事，擬出一個話題以便彼此社交一下。

「你未婚夫今天送花給你沒有？」張老師問助理。

「沒有！」對方坐在沙發椅上抬頭淺笑，搖頭迸出。

「他想他反正追到你了，不必送花了！」

剛講完，張老師像又勾起什麼回憶，若有所思的繼續說道：

「想當初，我姐夫婚前追我姐姐時，每天去我姐姐辦公室接她，然後再送到我們家門口。訂婚後，我姐夫仍大老遠的去辦公室接我姐姐，但是送到離我們家不遠的公車站牌後，她一個人自己逕自沿著巷道走回家。結婚後，各走各的！」

這段話，讓我想起多年前鄰居林大哥一家。

林大嫂曾妙喻他們夫婦的關係，有如她老公買一部新摩托車的早期晚期不同的心境。

剛買新的摩托車時，每天愛不釋手殷勤擦拭，待一段時間後，新奇感漸逝，有時還懶得瞧它一眼，沒踢它踹它一腳，就已經不錯了！

又一位在研究所任教的女教師，在一次喝咖啡談天時，憶起她和她先生當初在美國婚前婚後的差別際遇。

婚前約會時，她邀他吃飯。

她在廚房裏香汗淋漓地忙裏忙外，準備大顯身手做些可口的美食。

想到他或許可以幫她清理青椰花菜。

接到聖旨，他心中大樂，發自內心笑咪咪地，心懷受寵若驚、感激的回道：

「My pleasure，我的榮幸!!」

他是讀理工的，連剝理青椰花菜都弄得一板一眼，有條不紊。她一看：

「有些粗梗用刀去皮，但有些嫩梗，不用剝皮，就可以吃的。」

他一聽，滿眼愛意，揉著些許的歉意，馬上更正並脫口：

「Thanks，多謝!!」

曾幾何時，婚後，有天，她在廚房裏忙做晚餐，一心想早點做好飯菜，深怕丈夫餓壞了。

一瞥，雙手捧著報紙在客廳裏看報的他，靈機一轉，她向他求援幫忙剝理青椰花菜，如此，飯菜可早點上桌。

他放下報紙，回頭有氣沒氣、粗聲粗氣地抗議：

「妳就看不得我清閒啊?!」

新新女性

男人與女人的戰爭，及男女在兩性關係上的種種現象，最近演進至何種面貌與境界？沒有清晰的概念，直到有一天，聽見在北部任教的一位好友女教授用英語如是說：

「不照我的方法、方式，就免談！

（Be my way or no way）」

「這麼多的男人，這麼少的時間！

（So many man, so little time）」

「我不需要男人，我要男人！

（I don't need man, I want man）」

兩種痕跡

上完星期一下午第三、四節課時，不但華燈正初上，而且飢腸正轆轆。沒多久，和兩位校內人文學院女教師，相約坐在清大風雲樓餐廳裏，點了紅燒牛腩、開陽白菜、鐵板生蠔與宮保蝦。

點完菜，每人迫不及待品茗著服務生剛送上的一壺熱茶。一旁的A發現新大陸似的，對坐在我正對面的B發出驚嘆：

「實在看不出來，四十多歲快五十歲的妳，臉上的皺紋一點也不多嘛！」

我隨聲應和著。

A這回不是滋味的衝著我：

「你知道嗎？這個世界真是不公平。男人有皺紋，我們說它是『智慧』的痕跡。女人有皺紋，我們卻說它是『歲月』的痕跡！」

魚與熊掌

繁忙的一天過去，鬆弛、愜意的走在落日餘暉下，兩旁是青草叢生的清交小徑。

我右手邊的一位離婚中年女教授，好奇問我左手邊帶副厚邊黑鏡框且已婚多年的男教授：

「以你而言，男人喜歡女人『聽話』還是『獨立』？」

他偏頭想了一會兒：

「嗯，在家要聽話，出外要獨立！」

專業年代

某個清洌的冬日下午，一位離婚數年，今仍為單身貴族的中年女教授，暢談愛情觀，與屬於自己的或發生於她朋友們身上的愛情故事。

善意的提醒她，玩愛情遊戲時得謹慎、小心些，不要把自己弄得傷痕累累、傷神傷心。

這次，她倒頭腦清醒，毫不思索地道出屬於後現代時期的「愛情」真相：

「你放心！現在男人、女人談起戀愛來，個個身經百戰，經驗豐富，每個人都很professional（專業）！」

卷四：星空下的台北

老師

老師和學生相遇課堂外，不是什麼大驚小怪或不可能發生的事。

仍然年輕貌美並有「才女」美名的張老師，為了保持曼妙的身材與增進健康，絲毫不懈怠的三天兩頭抓著兩截式女士泳裝，直往室內體育館對面的校內露天游泳池跑。

直到有天周末下午，當她正在一條水道有規律地、費著勁用手前划著水，後蹬著腳，忙著將頭進水出水，心無旁騖全神貫注之際，忽然，隔壁水道一位亦剛好在游水的男同學，彬彬有禮的喊了聲：

「老師！」

之後，張老師較少涉足校內游泳池游水練身了！

婚姻美滿、愛女乖巧，個人和丈夫的事業安定平順的黃老師，有天晚上，她興致勃勃的回校擬在中正堂輕鬆地觀賞一部西洋影片。

排隊等待進場的兩排長龍隊伍，壯觀熱鬧。

湊巧，前頭有兩位她曾教過課的男同學，不經意一回頭，驚訝興奮的打著招呼：

「老師！」

黃老師一看是可愛的學生們，自然也歡喜地打開話匣，東談談西聊聊，直到進入大禮堂。為了表示師生情誼融洽，師生們緊鄰排排坐。

影片開始放映，演著演著，銀幕上男女主角的激情戲大膽香艷，令人喘不過氣來。在黑壓壓一片的禮堂裏，女教師如坐針氈，左也不是右也不是，度秒如年！

照樣的，黃老師從那時起，甚少踏足校內中正堂看電影娛樂了！

五族共和

眾人皆知，中國是由漢、滿、蒙、回、藏等五個不同族群所組成。

期盼未來邁進科技城之風城新竹，是清大、交大、科學園區、工研院等學校機構之所在地。流傳當地版的五族共和是：外省人、本省人、客家人、原住民及海外歸國學人。

學生絮語

(一)每下愈況

二月十四日星期二，是寒假過完後開學的第一天。

新竹校園內近午時，我走到第二餐廳買個鴨腿便當及一袋果汁，帶回研究室準備邊聽音樂，邊吃午餐。

拎著兩袋食物飲料，匆匆擦身經過走在前頭一群約四、五位男同學身旁！從我尾隨、接近，又不一會兒工夫把他們甩在身後，前後極短時間的光景，我清晰地聽到年輕學子們對話片段和爽朗開心的笑聲：

「把電子概論的書帶回家去了！」一位學生笑著說。

「哇噻！真的？」另一位以夾雜著驚訝、不可置信又佩服的語氣回應著。

「後來怎麼樣？」第三位想知道第一位把書帶回去到底讀了沒有。

「一個字沒有看，再帶回來了！」

眾笑。

趕緊再補上一句，表示自己的有心：

「起碼我還摸了書皮吧！」

接著，聽到最右側第四位學生，當眾承認且宣佈：

「整個寒假，我連書皮摸都沒摸！」

又是一陣開心的狂笑！

(二)這才叫做有本事

加州史丹福大學Mirlo宿舍的交誼廳內，國內三位男女學生們抬槓著。

原來，今年大三的男生宿舍，搬到另一棟在校區較偏僻角落的新大樓裏，言下之意，好景不常，離原來的女生宿舍，還真路途遙遠了些！

「以前，男生宿舍離女生宿舍好近，女生常到男生宿舍來抄作業！」一位男同學發表感言。

「什麼？你們作業是互相抄來抄去？」我大驚小怪的發問。

沒人正面回答我的問題。

一位應屆畢業留著短髮，且又剛考進研究所的女生逕自說：

「這算什麼！還跑到男生宿舍去抄作業？豈不太遜了！有本事的女生，就我所知，男生都會抄好作業，送到女生宿舍給女生！」

「真正有本事的，我就知道有幾位，」另一位即將升大二，留著一頭飄飄長髮的女同學，不屑前兩位的說辭「他們是，男生不但幫她們把作業抄好，順便連帶消夜也一併捧來女生宿舍，送到女生面前呢！」

英文老師的叮嚀

應該有不少教師在教學課堂中，或多或少，偶爾會耳提面命一番，抑或語重心長的帶出一些人生體驗與道理來！

春末夏初，葱綠的樹梢，幾抹行雲，蔚藍晴空下的萬物大地，無處不瀰漫著生的意趣與生的躍動！

晌午，在校園內第一餐廳，偶遇新成立的外文系新聘不久自美剛回國的一位年輕女教授。她正和她六、七歲的女兒母女情深的一塊兒吃著午餐。

被邀坐下和她們同桌用餐。

話匣一打開，老師們湊在一起擺起龍門陣來，可以想像，他們的話題，無不繞著教學、研究、學生身上打轉。

嘴裏正咀嚼著剛入口和著飯的涼拌蒜味海帶絲，女教授切入另一個話題：

「有一天上課的時候，我告訴全班的學生：『如果你們從我所教的課堂上學到兩件事，我就會很高興！』當我這麼說時，全班的學生鴉雀無聲、迷惑、期待的望著我！」

同樣的，當時，我也甚好奇的以致目瞪口呆，停止嚼菜，自忖，是哪兩件文學或語言學領域中的專業知識如此重要時，她緊接著說：

「第一是不要亂丟垃圾！」剛說完，整班男女同學哄堂大笑，面露被促狹的表情。

師曰：因為，如果我們在所居住的環境裏，亂丟垃圾，不盡心維護環境整潔的話，我們的周遭環境豈不成了垃圾筒？另又是什麼東西是放在垃圾筒裏？那當然是垃圾！如此推算一番，我們自己也不就成了垃圾了嗎?!

「第二，要充實自己，尊重別人！」

嚥下了海帶絲及喝了一口飄浮著數粒黑色仙草的甜冰水，我跟進：

「無巧不成書，這個學期，我也常在大一英文課堂上，時時的提醒學生們及互相勉勵，要注意兩件事：一是守法，二是環境保護、愛惜資源！」

連帶的這讓我想起，以前高三教我們英文頭禿又身體福態的王福林老師。他就曾經在課堂上，對著理著大平頭的我們講過一句平易但意遠的一句話。而這句話，對於日後延至今天，無不深遠的影響著我的人生觀：人要敬業，更要有宏達的心胸氣度，不鑽牛角尖，不將自己陷入淖濘的深淵，無法自拔！

這句話是：「不要心懷不平！其實上帝是很公平的。不論好人、壞人、窮人、富人，都得塵歸塵、土歸土！」

是不是教英文的老師，都愛在課堂裏發表些看似與英文本科無關的心語？

師生有別

一起和外語組兩位老師，在學校活動中心旁的第一餐廳吃中飯。人人鋁盤上疊滿著新鮮、油亮、翠綠的各式青菜及一片瘦肉。

「我以前吃得不多。自從常在學校餐廳吃中飯後，食量漸增，以致現在給小孩準備便當時，都是活塞猛塞的。」坐在我旁邊的老師首先打開話匣。

「事實上，」我緊跟著說：「多吃、能吃，營養夠，身體體質會較好。畢竟，食補比藥補好！」

坐在對面的老師一聽，不以為然：

「我從小就吃很多，但身體也好不到哪去！偶爾這兒酸或那兒痛的。」語剛落，又以一種回憶的眼神，若有所思不疾不徐道：

「我讀小學時，只要天氣一變化，如不即時多添一件外衣，就會生病。靈得很。自小學、中學、大學到研究所當學生的歲月裏，我從沒有全勤過！」

停一、兩秒鐘，趕緊放下原本剛拿起準備夾飯菜的筷子，眼亮口直深怕被人誤會：

「但是當老師，我是全勤的！」

星空下的台北

二月十五日星期三，在華姐位於十一樓的華廈裏，相交多年的大夥開懷的玩撲克牌、喝白蘭地酒、啃醉雞、吃橄欖、剝花生、嚼菜肉大包、咬甜辣豆干及閒扯淡。

當好男好女聚精會神，自顧手中的撲克牌時，海哥出其不意忽然有感而發：

「年紀漸長，我愈加相信命運，相信宿命這一回事。領悟到運可改，然而命是改不了的！」

一向嘻笑詼諧打諢的忠哥，一反常態，一臉嚴肅，邊凝視、搓插著手中的牌自顧的說：

「雖然就算知道自己的命運，人還是得盡力盡本份去做事，去生活。不能說，因此就全然放棄！重要的是，求得心安理得!!」

那一夜，台北的夜空，星光閃爍。